法律人生

*From Judge to Lawyer
A Growth Guide*

从法官到律师的成长启示录

刘彦 —— 著

法律出版社 LAW PRESS · CHINA
北京

图书在版编目（CIP）数据

法律人生：从法官到律师的成长启示录／刘彦著
．－－北京：法律出版社，2024
ISBN 978-7-5197-9109-4

Ⅰ．①法… Ⅱ．①刘… Ⅲ．①法律－中国－文集
Ⅳ．①D920.4-53

中国国家版本馆 CIP 数据核字（2024）第 088716 号

法律人生：从法官到律师的成长启示录 FALÜ RENSHENG：CONG FAGUAN DAO LÜSHI DE CHENGZHANG QISHILU	刘 彦 著	责任编辑 李沂蔚 装帧设计 鲍龙卉

出版发行 法律出版社	开本 A5
编辑统筹 法律应用出版分社	印张 9.125　　字数 182 千
责任校对 王晓萍	版本 2024 年 6 月第 1 版
责任印制 刘晓伟	印次 2024 年 6 月第 1 次印刷
经　　销 新华书店	印刷 永清县金鑫印刷有限公司

地址：北京市丰台区莲花池西里 7 号（100073）
网址：www.lawpress.com.cn　　　　　　销售电话：010-83938349
投稿邮箱：info@lawpress.com.cn　　　　客服电话：010-83938350
举报盗版邮箱：jbwq@lawpress.com.cn　　咨询电话：010-63939796
版权所有·侵权必究

书号：ISBN 978-7-5197-9109-4　　　　　定价：48.00 元
凡购买本社图书，如有印装错误，我社负责退换。电话：010-83938349

序　做一个优秀的法律人

序做过不少，但是给硕士研究生同班同学的新书做序，却是头一回，显然并不是件轻松的事。还清楚地记得，第一次认识刘彦是2006年在中南财经政法大学的老图书馆，如今已近20年，时间过得真是比流水还快。中南大南湖校区老图书馆是众多学子早出晚归备战考研、考公的宝地，当时为了抢座位而相互打架的事情不时发生。在老图书馆交流考研笔试成绩时，一个瘦高帅气的男同学映入了我的眼帘，说自己考了高分，将近400分，我的成绩和他差不多，后来经过面试我俩都被宪法学与行政法学专业录取，成为了同窗，也成为了挚友。硕士毕业后刘彦去了湖南的法院工作，而我则赴北京大学法学院攻读法学博士学位，自此我们见面的机会就非常少。后来听说他调到了纪检监察部门工作，再后来又听说他到了上海做律师。我这位老同学丰富的人生经历，反映了他身上所具备的湖南人的敢闯、敢拼、敢干的大无畏奋斗精神。

辞去安稳的法官工作而去做律师，其实是很需要勇气的。

做任何事情都会有风险，不是每一个辞职从律的公务员都能干得风生水起，甚至有的生活质量还可能远远不如以前。事实上，正如老同学在书中所言，"律师执业远比你想像的艰辛"。如果你经过激烈的思想斗争，最终毅然决定加入律师队伍，刘彦律师结合自身的经历，提了几点宝贵的建议：一是切勿心浮气躁，二是切勿急功近利，三是切勿随遇而安，四是切勿自甘堕落。

我们经常看到在一些地方法院庭审过程中，控辩审三方发生激烈的对抗和冲突，从程序延伸到实体，从法庭延伸到网络，从案件本身延伸到法官和律师个人的生活，包括获取学历的情况等等，案件闹得沸沸扬扬，每一方都"义愤填膺"，都宣称自己代表正义。那么，究竟是什么原因导致法律共同体内部会有这么剧烈的张力？难道大家学的不是同样的法律吗？为什么大家会在程序和实体方面存在如此截然不同的意见呢？

没有做过法官的律师，对法院的一些做法会感觉很突兀，甚至难以接受，觉得被针对。实际上，诉讼法不可能穷尽全部程序问题，司法实践中存在大量的习惯性做法。这些普遍存在的习惯性做法，很难从成文法层面做评价，甚至每个地方法院的做法都不同。但是，有一点可以肯定，就是程序性的习惯性做法对实体结果的影响在多数情况下微乎其微。

法官转化身份做律师，一定程度上可以修复上述裂痕，维护法律共同体的良性和谐状态。前法官律师通过著书、做讲座，系统介绍司法权的运作模式，尤其是阐释法官思维，让年轻的律师们更懂法官，从而避免一些徒伤感情但对实体处理毫无意义的分歧。前法官律师在没有做过法官的律师和法官之间，可以起到中和剂、润滑剂的作用。

同一个经历，不同的人感悟有可能截然不同。尽管我这个老同学踏入律师行业的时间并不长，但是，他无论是对宏观态势的分析，还是对微观技巧的把握，都很精准到位。老同学在繁忙的工作之余，挤出时间结合自己从法官、纪检干部到律师的亲身经历而写作本书，毫无保留地贡献了自己的教训和经验，不仅有助于优秀律师的炼成，而且有利于促进法治信仰和理想的实现。不管你是已经成为优秀的法律人，还是正在奋斗，梦想成为一名优秀的法律人，此书都值得细细品读。

尽管分歧永远无法消除，共识难以轻易达成，但法律职业共同体不断迈向融合则是永恒的。

是以为序。

刘　权

2024 年 6 月 3 日于北京海淀区学院南路

自序

从武汉，经娄底、长沙、湖州、杭州，最后到上海，13年6个城市，这条路其实充满了艰辛，每到一地，都需要重起炉灶，且不说业务要重新学，人际关系要重新处，光是租房、买房、装修、孩子上学这摊子事就足够忙的了。我经常在想，如果我初中毕业就不再读书了，回老家的山沟里和父辈一样握起锄头，脸朝黄土背朝天过一辈子，会不会日子更单纯、平静、幸福。很显然，我最终选择了一条和父辈截然不同的道路，孰优孰劣，大概只有自己心里知道。

我一度认为，从法学院到法院就已经是人生巅峰了。穿着笔挺的制服，戴着庄严的法徽，握着重重的法槌，将自己平生所学尽情地施展出去，将法律的温度和力度诠释开来。然而，在一场又一场对抗激烈的庭审中，在一次又一次苦口婆心的调解之中，在一篇又一篇裁判文书的撰写之中，我察觉到社会运行体制的诸多弊病，而偏偏在面对这些积习、顽瘴时，法官个体能做的，其实是极为有限的，甚至做本身也是一个风险极大的事，需要足够多的勇气和智慧。于是，我又苦苦思索，有没有另外一条赛道，可以让我更加欢快地奔跑。许多个晚上通宵失眠，一直没有答案，而正在这个时候，机缘巧合，为了解决夫妻两地分居的个人问题，我从法院调到了纪委。

我十分庆幸和感激在纪委的这段时光，使我对整个国家权力运行有了更加直接、深刻的体会和认识，我的眼界和思维一下子全部打开了，真有那种豁然开朗的触动，我才真正意识到法律人的局限性。更加幸运的是，彼时正逢纪检体制改革，纪检系统遇到了许多从未遇到的问题，争论和分歧很大。在完成本职工作的同时，我开始了成体系、有针对地创作和思考，短短的2年多时间，发了60多篇各类文章，其中有不少10万字以上的文章。以至于，后来新调任的常委、纪委书记找我谈话时说，刘彦居然在我们这，我还以为是北京的专家呢。在欣喜、激动的同时，我的老毛病又犯了，同样的问题折磨着我，人生的价值在哪里？怎么样才能真正实现人生价值？

2016年发生了一件在全国范围内有重大影响力的案件，雷洋案。这个案件引发了我许多的思考，公民权利到底应该如何去保护、公职人员在履职过程中权力如何规范、公职人员自己又应当如何维权……于是，终于有一天，我下定决心要出去闯一闯，哪怕头破血流。

法官律师是个比较新的概念，是指在法院曾经担任过法官，但后来辞职做律师的群体。当然，在此之前，我也从来没想到会归入这个类别中，法官在长期的审案中，沉淀积累出丰

自　序

富的审判经验，对从事律师执业来说，是不可多得的资历。这种经验不能通过学位获得，没有培训机构可以传承，除了法官自己亲身经历。但是，这也并不是做过法官就一定能做好律师。法律服务行业对弱者没有怜悯，你唯一需要做的就是加快成长，让自己变得强大、再强大。经过了一年多的摸爬滚打、野蛮生长以后，我对法律服务行业也就有了十分深刻的认识，特别是对律所的运作模式和律师角色定位。2017年、2018年也正是北京规模大所攻城略地的黄金时间，资本在法律服务行业已经风起云涌。

而刚好在这个时候，我遇到了一群从法检两院辞职的兄弟姐妹，我们有着相同的理念，律师要会赚钱，会生活，更要切实履行好社会责任，我们要把公益放到一个最突出的位置。除此之外，我们要让法律回归法律，不要掺杂太多商业味道，不要从律师身上赚钱，我们要打造一个属于我们自己的大平台，成就法律服务行业的百年大宗。于是，一群激情澎湃的"老小伙子们"，开始了一次次踩坑，一次次爬起来抖擞精神再战的历练。

总感觉那时的天很蓝，水很清，夜很短，合伙人会议可以从中午开到凌晨，思想的碰撞激起无数灵感，再加上雷厉风行的执行，勇敢试错、试错、再试错，两年多时间，我们从零开始，成为了一家百人大所强所。在取得了丁点成绩的基础上，我们又在思考向全国输出品牌，真正实现我们百城百所、百年大宗的梦想。说干就干，换城市，更名央法，尝试新的管理模式，探索新的团队建设方案……一年多的时间，蚌埠、杭州、西安、连云港等地分所如雨后春笋般落地，央法品牌在法律服务行业中崭露头角，再给我们五年时间，我们能做的还会更多。

这本书记载了五年以来我从律师行业的门外汉，到律所管理合伙人的心路历程，正如我常说的，律师的成长过程就是一个一路升级打怪的过程，就是一个不断更新知识和提升认知的过程，就是一个不断克服自己性格特点，突破自我的过程。必须要指出的是，律所管理和机关运行或者公司治理存在天壤之别，机关里有严格的纪律，领导掌握了下属的升迁，公司老板更是直接决定员工的薪资和去留，而律所合伙人既不负责律师们的升迁，当然，似乎律师也不存在升迁的问题，也不能给律师们提供物资保障，在这样的情况下，想要把整个律所理得有条不紊其实真是一门很讲究的艺术。在刚从事律所管理的时候，我也是一片茫然，手足无措，无论是在引进和留住独立律师方面，还是在合伙人的协调上，我都有过深刻的教训。希望我的这些不断试错得来的经验和感悟，能够对体制内想辞职做律师的群体和已经执业的律师同行们有所裨益。

梦想还是要有的，万一实现了呢！每到一个阶段，就给自己设定更高的目标和梦想，给自己注入更大的压力和动力。若干年后，当你回顾自己那些年的点点滴滴，不因碌碌无为而自惭形秽，不因优柔寡断而懊悔不已，足矣。

目录

第一章　法官再优秀也不一定懂律师

谁对法院不是深深地爱
　　——一个中级法院法官的离别感言　·005
我为什么给法官辞职泼冷水　·016
你真的准备好做一个实习律师了吗　·024
先打螺丝还是先做律师　·028
法官和律师谁更专业　·031

第二章　选择城市与律所要因人而异

去大所还是进小所　·040
去综合所还是去专业所　·046
如何选择城市地段开设律所　·049
留在本地还是去北上广深　·053
中年以后，老家已回　·056
中年转行做律师的危与机　·059
高级合伙人应当具备的素质　·063

家里有矿，还是要做律师 · 067
所有的努力都是为了实现曾经吹过的牛 · 071
别人家的年度总结：别犹豫，做我们的
　　大宗梦 · 075
办律所应当坚持的五大策略 · 082

第三章　优秀的律师一定是高级营销专家

不会写文章的律师不是好律师 · 092
抓住影响法律服务行业发展的小趋势 · 096
资新律师更要感激执业生涯初期的小案子 · 101
别，您的案件我接不了 · 104
亲属的案件接不接 · 108
律师究竟应该如何谈案收费
　　——一堂不一样的律师收费课 · 111
关于案源拓展的五个小故事 · 123
年轻律师脱颖而出的"三新路径" · 128
法律咨询公司真的来了 · 133
律所主任还要不要亲力亲为办案件 · 137
律师如何与公司法务高效顺畅沟通 · 141
律师如何上一堂高质量的法律课 · 146
律师的时间管理艺术 · 151
防止白干的五个小技巧 · 155

目 录

第四章　法官经历就是你的核心竞争力

律师的法官思维	·165
法官眼中的优秀律师标准	·169
带教实习律师的三个做法	·176
是业务选择你，还是你选择业务	·181
如何选定自己的专业领域	·184
刑事律师的专业化实现路径	·189
民商事案件一审庭前准备的七大要点	·195
类案检索报告	
——让法官说服法官	·205
如何让法律顾问单位对你痴心绝对	·230
那些年你踩过的坑	·235
律师从事刑事业务的七大风险	·238
谈判让律师更加值钱	·244

第五章　与当事人的有效沟通

律师有效沟通的艺术	·259
败诉后，如何面对当事人	·264
当事人给你的压力才是最大的压力	·267
律师代表当事人还是代表正义	·270

后记　·273

第一章

JUDGE

法官再优秀
也不一定
懂律师

LAWYER

第一章 法官再优秀也不一定懂律师

法官和律师都属于法律职业共同体的一员，但是，从法院到律所有多远？法官和律师的差异有多大？一些从法院辞职做律师的朋友，在进入律师行业以后，发出三点感慨：没有想到法律服务行业竞争如此激烈；没有想到司法人员如此难沟通；没有想到律师职业如此辛苦。

再优秀的法官也不一定懂律师。曾任最高人民法院法官的蒋慧岭翻译了美国最高院大法官布莱特·卡瓦诺《优秀法官的十项标准》一文，在该文中，作者对优秀法官提炼了法官应当置身于政治纷争之外、法官必须遵守既有的法律规则和法律原则、法官应当保持裁判标准的一致性、法官的角色是适用规则而非再造规则、法官要有"硬骨头"等十项标准，我深以为然。美国司法系统认定的优秀法官标准可能与中国会有所区别。但是，有一个问题可以肯定，在诉讼领域中国法院法官的整体业务水平是高于中国律师的整体业务水平的，因为，业务能力是靠案件"喂"出来的，没有大量的案件作铺垫，成长的速度和高度自然受限。在经济发达地区，一个基层法院法官每年办结案件数量可能已经超过了500件，而即便是在案源十分充足的情况下，一个律师每年办理100个案件已经十分吃力了，这是因为律师除了要收集证据，论证法律关系以外，还要花大量的时间应对委托人，给他们答疑解惑、安抚情绪，甚至解决一些案外事宜。法官看到的仅仅只是律师工作的冰山一角，庭审表现、庭外调解。法官看不到律师背后的付出和执业的成本、代价。

法官和律师优秀的维度是不一样的。专业是绝大多数律师的立身之本，执业之基，但是，专业只是一个方面，一个优秀的律师一定是一个百科全书式的人物，不仅要对法律知识信手拈来，还要有极强的学习和理解能力，要在广泛涉猎的同时，随时可以对其他领域知识做梳理和概述。除了知识、经验和技能外，律师还有一个必备素质就是沟通和交流能力，我们既要在庄重和严谨的氛围中剖析案情，也要能够在轻松和愉快的氛围中展现自己，还要能够洞察当事人心理，有的放矢。总之，既要秀专业、秀口才、秀人品，还要让对方心情愉悦。所以，一个再优秀的法官，如果不在理念和行为模式上做大的调整和转变，转入法律服务行业以后，也会四处碰壁。

但不管怎么样，法官是大多数法科生都曾梦想的职业，甚至是首选职业。在法院工作过以后，无论身处何处，身居何职，对法官职业的怀念一直都在。在这个篇章中，我将主要围绕法官辞职做律师这个现象谈谈自己的认识和看法。

谁对法院不是深深地爱
——一个中级法院法官的离别感言

一、多么纯真的法官梦

1993年,那年我11岁,那时候在湖南涟源农村,黑白电视机还是个奢侈品。我和弟弟两人每晚都会准时去邻居家看《包青天》,其他的小孩子可能更关注的是展护卫的绝顶功夫,可是我却被包青天的形象深深吸引,在幼小的心灵里种下了一个梦,梦想有一天自己也能像包大人那样锄强扶弱、匡扶正义。

2002年,我参加了高考,当我通过电话查分得知自己考过了600分时,我并不知道当年全市文科仅3人上了600分。填志愿的时候,我三个志愿都填了法律。第二年,我弟弟参加高考,他所有的志愿都填的金融,后来他告诉我,小时候看《包青天》感悟颇多,在官场,任何人不管处于多高的位子,都有可能一夜之间沦为阶下囚,所以,他选择从商。

我 2008 年毕业，弟弟 2009 年毕业，同样是研究生毕业，到 2013 年，我的月薪是 2350 元，他的年薪已经是 7 位数了。同一部电影对两个农村的男孩却产生了截然不同的影响，我弟弟看到的是对滥用权力的审慎与畏惧，而我则是对青天形象的执着与迷恋。同一部电影，两种感悟、两个截然不同的人生，而对自己的这个选择，我从未后悔。

2002 年，我只身一人拖着偌大的行李箱去了江城武汉，开始了我在中南政法刻苦求学的六年生涯。也许有人认为用"刻苦求学"有点言过其实了。可是，我的大学生活很丰富、很充实、很值得留念与回忆。

作为一个从偏僻落后的小山村走出的农村娃，能够在一所全国知名的政法院校就读，我更加珍惜这来之不易的求学机会。事实上，中南政法并没有让我失望，她宽容、富饶、大方，她有那么多的好教授，有那么多的好学生。在进法学院之前，我对法律的认知一片空白，甚至连一个正式的法条都没有见过，更别说西塞罗、洛克、哈耶克了。

然而，中南政法的教学体制充分考虑了各方面的情况，给了像我这样的农村学生缓冲期与后来居上的成长条件。除了学校开设的专业课外，我把能挤出的所有时间都泡在了图书馆，我徜徉于法律的海洋。我获得过新生奖学金、国家级二等奖学金、年度各种奖学金。学习对我而言不是负担、不是苦难，而是乐趣、是幸福、是一种生活方式。

实际上，参加工作后我还一直保持着阅读的习惯，2012

第一章　法官再优秀也不一定懂律师

年,我调入中院民一庭后,基本上每天上午7点30分到办公室,先读30分钟的书后再开始办案,可别小瞧这30分钟,长期坚持,受益无穷。而我家的书架上也摆满了各类非法律书籍,我一直保留了睡前30分钟非法律类书籍阅读的习惯。

在疯狂学习专业的同时,我对很多东西都产生了浓厚的兴趣,在中南政法的6年里,我一直保持着在学期开学前两周温习《三国演义》和《水浒传》的习惯,这两本书,我在6年间读了12遍。一次偶尔的听讲座经历让我认识到了一个优秀的法律人应该具备的素质和自身的差距。开学不久,法学院就办了一场讲座,分别邀请了两个校友回母校讲课。

那两位师兄都在广东发展,一个在公安系统,另一个是某大型律师事务所的主任。当律师的校友口若悬河,滔滔不绝,这让我"惊呆了"。原来法律可以这样读!原来法律就在最寻常的生活中!我暗自下定决心,一定要努力提高表达能力,一定要学好普通话。

这对北方的同学而言,不是个问题,但是对我而言,却着实是件难事,要知道,在去武汉之前,我还没有正式用普通话和别人交流过。于是我不断地纠正湖南乡音,早晨其他同学在晓南湖(中南政法校园湖)读英语,可我在练普通话,为此我还在图书馆借阅了大量的演讲书籍。付出总是有回报,如果还没有回报,那肯定是因为还不到收获的季节。

大学二年级开学初,我走遍了大一新生(男)的宿舍,推销一批图书,当新生问我"师兄,你是河南的还是河北的"

时，我再一次"惊呆了"。再后来，我参加公务员面试时一次次绝地反击取得胜利时（2009年回娄底中院时，我同时考上了武汉某区检察院和上海某区法院），我不得不为自己的"先见"喝彩。

在大学期间，我逐渐明白了，法律人不是孤独的，单一的知识和经历成就不了杰出的法律人，于是在学校期间我发过传单、做过家教、进过公司、开过实体店、上街办过模拟法庭、做过法律援助、给本科生上过课、做过公开演讲……可以说我的大学丰富多彩，如果有遗憾的话，那就是没有好好的谈一场轰轰烈烈的恋爱。

2006年，我又考上了本校的公费研究生。读研期间，我再次深深地感受到周边同学的优秀，这给我莫大的压力，如果有一天没有进图书馆读书，我就会担忧，忧心自己与同学们相比会落后。毕业六年后再来看我的研究生同学，的确也是大放异彩。有在国家部委的、省委组织部的、省社科院的、知名大学当老师的，还有就是在法检系统的。

法官梦一直深深地扎根我的内心，从未怀疑过、从未犹豫过。经世致用的法律价值观引导着我对职业的选择和规划。也正是这个"法官梦""法治理想"一直激励着我。

二、多么可爱的法律人

如果举办一场"新时期谁是最可爱的人"的评选活动，估计很多人都会站出来毛遂自荐。但是人民法官却不会主动站到

第一章 法官再优秀也不一定懂律师

台前,因为他们知道,法官在公众心目中的形象还谈不上"可爱",因为法官这个群体塑造出了谦虚、谨慎的好品性。

但我认为新时期的法官们完全可以配得上这样的头衔。公务员法实施以前,八仙过海,各显神通,一些人通过不同的途径进入法院,这些人甚至没有学过一天法律,但是通过法律业务大学,拿到了文凭,然后通过内部考试获得了法官资格。但是 2010 年后的法院无论是在队伍建设还是在建章立制、硬件设施等方面都取得了"巨大"的进步,实事求是地说,当前法院系统确实吸引了一大批有理想、有抱负,而且发自内心热爱审判工作的青年,单从业务能力角度分析,法官队伍的整体业务水平已经有了质的飞跃。究其根源,法院进步之快、之大源于她所面临的内外的重重压力。

母亲常问我到底在法院具体是做什么工作的,为免其过分担忧,我回答说也就是审理案件,不辛苦。然而,目前的一线法官不仅身体累,而且心也累。案件从立案庭分到承办法官手里后的几乎所有的工作全部由承办法官独自完成,发到当事人手里的只有那一纸文书,可是承办法官在背后的付出当事人却几乎不知情。更有甚者,对法官的庭审、调解、接待,当事人动辄指责、告状,辛辛苦苦想把好事做到底,结果反而饱受责难,法官的心碎了一地。

现在回头想想,真要感谢案件当事人的"责难"、要感谢新闻媒体的"毒辣",正是在各种不同力量的监督与刺激下,人民法院逆势而上,坚持不懈地改正自己的不足,通过一点一滴的积累，形成了目前较为规范科学的局面。我在内心时常会埋怨媒体的不实、人大代表的不诚、当事人的不解，但一想到人民法院这些年所取得的进步也就释然了。

除了外在的压力，我也深刻体会到了法院内部的竞争氛围。正当学者在反思军转干部进法院的做法时，人民法院悄然地在进行用人制度改革，一大批接受过系统法学教育的年轻人通过公务员考试进了法院。这些人给人民法院注入了新鲜的血液，让这棵苍老的大树重新焕发了生机。可同样也带来了新的问题，如何留住他们，让他们更好、更快地成长。

因为职数的限制，一个业务庭室一般只有一正两副，可庭里还有七八个审判员，怎么办？更何况，这些审判员大多是高学历的年轻人。在传统中国学而优则仕的观念下，在乡土社会的环境下，满怀法治理想，一辈子甘愿做个普通审判员是不现实的。

到中院后，特别是到业务庭室后，我一度比较迷茫，不知道该如何进入法官的角色。我们暂时还没有建立起老法官带新法官的制度，年轻法官的成长基本上靠自己不断地摸索、尝试，在这个自我探索的过程中，肯定会有挫折、磨难、血泪，甚至一不留神会犯错误，这也都是正常的，一个从未经历磨炼、苦难的人难以成为优秀的法官，要正确看待成长中的不利因素。

对于怎么样审理好案件，我的确用了点心思。独立办案后，年轻法官面临的第一个问题就是如何制作高质量的裁判文书。大学专门开设了裁判文书课，可基本已忘光，怎么写呢？还是要求教书本，请教老法官，我记得2012年我在去民一庭之前一口气买了五本法律文书写作书籍，事实证明，那些书对我后来的工作意义重大，实践中遇到的很多难题都迎刃而解，一些原本在本院形成的不太规范的做法我也没有沿袭。

此外，不管我在哪个业务部门，我的书桌上总会有三本书：一本高教版的张文显编的《法理学》教科书，一本《现代汉语词典》，一本《标点符号使用规范》，个人认为，这三本书对年轻法官不可或缺。要特别提到的是民一庭一位副庭长，这是一个既经受过系统法学教育又有丰富基层法庭工作经历的老法官（年龄并不大），他对于法律文书用词的拿捏可谓是恰到好处。

也正是从他的身上，我感受到了严谨对一个法官的极端重要性。后来，我调到行政庭又遇到一位长者型法官，这是一位资历深厚、经验老到、办事老练而又没有半点架子的老庭长。他的耐心、细心、恒心，让我万分感激，他对案件的责任心让我自惭形秽。

我到行政庭后，曾经办理易某行政管理二审案件，为了办理好这个案件，他先是让我学习当时最高人民法院关于审理相关案件的内部机密文件；为了主体资格的问题，让我去市编办、市政府办、市委组织部、市公安局等单位查询相关信息；为了查清案件事实，又让我将易某多年前的相关案卷全部调阅，经过这些细致的准备工作，后来案件进审委会后，委员们的提问，我回答得游刃有余。这就是一个资深法官对案件的审理态度，我佩服得五体投地。

2013年，在当时中院主要领导的关心下，我得到了一个去县法院挂职锻炼的好机会。这一年，我兢兢业业；这一年，我低调勤奋；这一年，我小心谨慎。时任院长在司法局、政法委、法制办工作过，当过乡镇党委书记，基层工作经历丰富，有担当有魄力，原则性强，更难能可贵的是他谙习法律。在双峰期间，工作上，他不厌其烦地指导；生活上，无微不至的关怀，兄长般的温暖让我铭记在心。他彬彬有礼而又不失气度、温文尔雅而又干劲十足。从他身上，我看到了新时期党的领导干部表现出的优秀品质。接待常年上访的当事人他用的是"您老"，对待年轻干警没有半点架子，处理内部事务不偏不倚，与外单位协调不卑不亢，与县领导沟通进退有度。对本院干警工作上存在的问题，不护短；对外部力量随意的干涉，不畏惧；对新事物、新形势的接受和判断，不落后。他在全省率先开通12368诉讼服务热线、在县电视台开办《现在宣判》栏目、在院里开辟短信互动平台……法院系统太需要这样的领导干部了！

三、多么艰难的法官路

身边的亲戚朋友们几乎没有人相信我每月的工资只有两三千元，也几乎所有的朋友们都会在后面补充一句，你们又不靠工资过活，你们的灰色收入很多。近年来，我们一直在大力推

第一章　法官再优秀也不一定懂律师

进司法公开，可是公开的范围仅限于庭审和裁判文书。我一直在想，如果我们把法官的待遇、法官判案的过程全程公开，是不是可以取得意料不到的效果？是不是可以最大限度地争取当事人的理解和支持？

2009年，我回娄底中院前，是在浙江一个县级党群部门工作，工作相对安逸，压力没有那么大，待遇也还算比较理想。到法院后，当拿到第一个月工资时，我傻眼了，想过会比较低，没想到那么低。守护着社会公平正义的最后一道防线，头顶着国家最荣耀圣洁的工作岗位，可是却拿着微薄的工资。于是，向父母求援是每月的必修课，结婚、生子、买房、买车，全靠家里支持。满怀法律理想不等于不需要体面的生活，一分钱难倒男子汉。在娄底中院五年多时间，我甚至一直没有享受过法官津贴，离开后也没有给我补发过法官津贴。那些年中院招录的年轻干警，很多还在外面租房，相比而言，我又是幸运的，甚至，我离开法院跟金钱待遇丝毫无关。

灰色收入这事对年轻法官而言真不能有！在现有审判权运行行政化体制下，承办法官对案件的决定权是有限的，权力寻租对年轻法官而言风险极大。再说，何必为了那几千块钱玷污自己的良心！我老家在涟源市斗笠山镇，这是一个产煤重镇，前些年煤炭效益极好，半个娄底的建设都靠斗笠山。我父亲那时又是一个村的村民委员会主任，社会关系网较广，我父亲总会打电话给我说一些案件的事，当然都是一些"鸡毛蒜皮"的小案件（离婚、邻里纠纷），也确实不存在什么权钱交易。刚开始的时候，我会尝试帮忙打听打听。后来，随着我个人心智的成熟，我跟父亲进行了一场冷静的谈判，并达成了两点共识：（1）除非确有冤情，我不再帮父亲打听任何信息；（2）绝对不收取这些人一分钱。做法官并不是要六亲不认，人的社会性始终是第一属性，但是把握好度、守住底线绝对有必要。

很多人认为法院工作是比较轻松的，开庭、写判决书，很简单。然而，很少有人知道法官具体要做些什么工作，实际上，这是一项极需耐心、极要细心的工作！填写开庭传票、出庭通知书、组织庭审、安排调解、查看现场、撰写裁判文书、核对文书、装订案卷等，哪项工作都要认真负责，哪个环节出了错都是大错，容不得半点马虎！吊儿郎当的人不能当法官、马大哈不能当法官、心怀鬼胎的人不能当法官。法官既是一项体力劳动也是一项脑力劳动。

以娄底为例，基层法官每年办结的案件数几乎都上百件，尽管大部分的案件均是以调解结案，但是大量的事务性工作要做，特别是一些复杂敏感案件，合议庭根本没法定裁判结果，必须层层报院里院外各个单位领导审定，出了岔子还得合议庭担担子，劳心劳力劳神！实际上，案件办理只是一部分工作，论文调研信息给法官们带来的压力远超案件，上级法院对下级法院的考核、本院的考核都将论文调研信息作为重中之重，甚至撰写一篇论文可以抵办结几十个案件！当然，法院系统人才济济，对论文的质量要求也是相当高的。

在司法体制改革的前夕，我选择了离开，不能不说是一个遗憾。法院系统的改革必将进一步细化和加速,对我这个始终对法律有着无限憧憬的人而言,我对司法体制改革是充满期待、满怀信心的。也预料到这个过程不可能是一帆风顺的,它将面临重重阻力。

但是,我们可爱的法官们必将迎来一个崭新的司法前景。当然,离开法院到纪委,这个领域我并不陌生,它仍将与法律、法院打交道。

从法院到纪委,留恋、成长、转变、在路上!

我为什么给法官辞职泼冷水

经常有全国各地的公检法纪人员向我咨询辞职事宜,我的态度是固定的、明确的,不支持、不鼓励,特别是辞职后直接去律所的。可能有人会说,你自己辞职出去赚得盆满钵满,却不让别人出来赚钱。我想说的是,就是因为我知道律师职业有多难,有多苦,有多累,转型时期有多痛,我才给大家说肺腑之言。

一、人傻钱多快来的传说

我不知道最早说这句话的人是谁,但肯定是居心叵测。我可以负责任地告诉大家,经过这么多年的高速发展,律师业的"一夜暴富"已经成为神话。当事人挑律师都是优中选优,不仅对服务质量有很高的要求,而且几乎都会提很多非法律事务的要求,都要求自己的律师是百科全书式的人物,要上知天文下知地理,无所不能,而且还都希望以极低的价格享受最高端的法律服务。

律师业的低价无序竞争现象也大量存在，一些刚出校门的年轻律师为了生存不得不压低报价。这就给当事人带来了两个不好的印象，一是当事人会认为律师执业成本极为低廉，二是降低了律师职业的尊崇感。实际上，律师是专业性极强的职业，很可能不同的律师代理相同的案件，而结果截然不同。

二、本领恐慌同样指向辞职法官

市场上不缺律师，近年来，律师数量一直在呈几何级增长，当然，相当一部分律师执业初期都挣扎在温饱线上，我不建议辞职法官与刚毕业没多久的小伙子、小姑娘去抢交通事故、离婚、工伤等法律服务市场。市场对高端法律服务的需要越来越迫切，尤其是在非诉领域及其他新兴行业，真是大有可为，只不过，法律服务市场分工越来越细，要求律师的专业化程度越来越高。

比如有些法官因业务分工可能在知识结构、思维模式、办案技能方面相对固化，常年审理的几乎都是离婚、民间借贷等常规案件，很难接触到新类型案件，而这些恰巧是市场已经饱和的领域，竞争异常激烈，不要以为你曾经当过法官，就一定能办得比别的律师好，就能多分析出几个道理来，当事人就一定会相信你。辞职出来后，你会发现法律服务市场远非你想象的那么单纯，知识储备不足将会困扰你相当长一段时间。

三、律师执业远比你想象的艰辛

我们当法官时，很多时候会心理不平衡，我们辛辛苦苦开庭、写文书、做调解，工资反正都是固定的，律师过来就开个庭，一起案件就收那么多代理费。出来以后，才意识到这种想法有多么偏颇。一个员额法官每年能办三五百起案件，而一般情况下，律师每年代理案件数超过一百起，那就已经是绝对超负荷运转了，不可能长久，很简单，律师基本是单兵作战，法官是团队作战，法官手里的每一份证据都是律师辛辛苦苦收集来的，实际上，主审法官办理一个案件的工作量大抵都会少于律师代理该案的工作量。

律师代理案件首先是接案，案件不会自己来，为了拓展案源，律师将付出长期的、看似没有产出的营销工作，写文章、办讲座、做公益、搞慈善等，所以，律师的朋友圈主题是案件，是远方，更是培训和学习；当事人找过来后，很有可能要经过三五次的反复协商，最终才能敲定合同，更多的情况是当事人"日以继夜"的微信咨询，然后不了了之，绝大多数当事人认为律师执业是零成本；接案之后就是一系列异常烦琐的诉前准备工作，包括拉人口信息、查财产信息、调查取证、撰写各类法律文书，可以说每一个小环节都有可能耗费你巨大的时间、精力；再然后就是庭审，一个诉讼律师对庭审再怎么重视都不过分，不仅要对法律关系抽丝剥茧，而且要特别注意庭审技巧，我自己有一个习惯，几乎全部案件我都形成书面代理意见当庭或庭后报送法院，因为我太清楚了，即便是再精彩的庭审表现，很可能只能给法官留下一时、一点亮光，基层法官办理的案件那么多，很可能庭审结束一个月后他们才会再次来翻看卷宗，这个时候，一份书面的代理意见就弥足珍贵了；开完庭后，案子就办完了？别急，还有一大堆事等着你呢，几乎所有的当事人都会无休无止地向你咨询各类问题，要求你做各种预估。可以这样说，如果你有王子梦、公主病，那我奉劝你不要入错律师行，这是一个看起来很美，听起来很好，实际上超苦的差事。

四、律师不是一个逍遥自在的职业

律师是一个类似公务员的职业，一方面，司法行政机关和律协对律师的监管越来越严、越来越多，公务员醉驾要被双开，党员律师醉驾同样要被开除党籍、吊销执业证，行政相对人对公务员可以投诉、举报，对律师同样可以；另一方面，在现行体制下，律所和律师的党建工作一点都不能松懈。

律师的时间从来都不可以随意支配，法官排期开庭首要的是考虑自己的工作计划，如果律师的时间冲突了，得大费周折去协调。很多当事人根本不会考虑律师的感受，想到什么立马就打电话、发微信，无论有多晚。甚至在刑事案件中，一些家属都会指挥律师在特定的时间去会见，而这些会见是漫无目的的，纯粹为了会见而会见，对案件办理没有丁点儿效果。

总之，做律师后，你会突然发现，以前周末还可以经常陪陪家人尝尝美食、看看美景，现在，连每周陪家人吃几顿饭都变得奢侈。

当然，我也知道即便我历数律师职业再多艰辛，体制内有再多优势，还是会有许多法官毅然加入律师队伍。我也相信经过几年的努力，大部分的人都会小有成就，不排除一些人会相对黯淡，慢慢被淘汰。结合自身的经历，我想谈几点建议，供大家参考，不一定对，请大家批评。

一是切勿心浮气躁。包括自己在内，刚出来那会急功近利，老想着办几个大案子，一夜成名，一夜暴富。这种想法，说到底是对律师行业无知的表现。做律师绝不能总想着走捷径，特别是从法院出来的律师，不能总是事事时时炫耀自己曾经是法官，有时候会适得其反。律师职业与法官职业都属于法律共同体，但是，脱下法袍进律所，同样有太多需要重新学习的地方，与法官职业相比，律师职业更要求我们具备完整的知识体系，总不能在当事人咨询的时候，来一句，别急，我先查查。所以，静下心来钻研业务，提升能力是辞职法官的首要任务。只有业务精湛你才能走远走稳，我实习期曾经办理过一个刑事附带民事案件，案件比较复杂，最终调解结案，后来承办法官（50多岁）打电话给我，说"小伙子你业务能力不错，说实话，我一直从事刑事审判，对民事那块不太熟，这个案件多亏你了，你以前是做什么工作的？"然后，我告诉他我以前在一个中级法院民一庭待了一段时间，他听后立马就说，原来如此。所以，我们一定要调整心态，不要好高骛远，而要稳打稳扎。律师赢得司法人员的内心尊重，一定是通过执业技能和职业道德！

二是切勿急功近利。熙熙攘攘皆为利往，但是优秀的律师必须要有视金钱如粪土的气概。法官辞职后两年内不能出庭，这个规定有可能让你抱怨：凭什么律师可以直接做高级法官，高级法官辞职出来只能做实习律师？但是规定就在那摆着，你不能总是牢骚满腹，而应想着如何去规划。这两年时间非常宝贵，能做、该做的事情特别多。（1）学习执业技能，前面讲过律师与法官的职业差异是比较大的，需要学习的知识与技能很多。（2）明确执业方向，在这两年的时间里，你应当基本确定将来你主要的执业领域，万金油律师将越来越难找到自己的位置。（3）营销自己，酒香也怕巷子深，你再牛，也得拉出来练练，通过写文章、做讲座等途径全方位展现你的专业素养，磨刀不误砍柴工。不要担心你的付出结不了果，你每一点汗水都会在某一个时刻滋养你，带来意想不到的硕果。律师营销是门学问，非搞不可。你韬光养晦两年后，蓄势待发，一击即中，岁月会奖赏你的勤奋、执着。（4）研发法律服务产品。一款精致的法律服务产品给你带来的自然是名利双收，和大家不同的是，我是先从法院调到纪委，然后辞职的。《国家监察法》出台后，律师被禁止介入监察委的调查阶段，我敏锐地发现这对律师的刑事业务会带来巨大的冲击，同时也是一个机遇，所以，我立马就研发了《走进纪委监察委系列法律服务产品》，通过详细剖析纪委监察委权力运行模式，为客户提供非诉讼服务，获得了市场的热烈回应。

三是切勿随遇而安。当法官再苦再累，工资一分不会少，旱涝保收，单纯只办案件，其实相对是自由的，可以相对调整工作节奏。但是，做律师一天没有收获，一家人都在等米下锅，车贷房贷一天都不会推迟。当然，很快你们就会发现，你们的市场已经做起来了，不愁案源了，似乎日子可以过得比较滋润了，没有必要再把自己搞得那么累了！我不欣赏这种心态，我认为一定要有危机感，这种危机来自年轻新锐律师的冲击，更来自我们自身知识结构、技能更新速度过慢。长江后浪推前浪，越来越多的年轻律师脱颖而出，他们有知识、有想法、有干劲，我们一定要破除小富即安的慵懒心态，时刻保持打起鸡血的昂扬斗志，去钻研业务。请你注意，无论是你的法官头衔，还是你在法学院、法院学会的知识与技能，都在一日不如一日地贬值。

四是切勿自甘堕落。法官在体制内被束缚太久，刚出来很可能一下子就被外面的花花世界迷失方向，原来生活可以如此丰富多彩，于是降低了对自己的要求，放纵了自己的欲望。做了律师后，我们会接触很多物质上极为富裕的当事人，但是，我们一定要保持良好的心态，可以羡慕，可以嫉妒，但是不能恨，也不能盲目攀比，更不能为了追求奢侈的生活而没有底线。适合自己的才是最好的，坚持健康的生活方式很重要，读书、跑步、亲子时间一个不能少。

要特别警惕的一件事就是向司法人员行贿。我对此事深恶痛绝，认为这既是对自己的职业生涯不负责任，也是对司法人员个人及家庭极不负责任，一旦出问题，悔恨当初！当然，我并不排斥和司法人员纯粹地交流业务技能，职业共同体需要业务切磋。我也会经常打电话就一些疑难问题请教以前的老同事。但是，这种关系应当是一种君子之交，纯粹、干净。我敬告大家，一旦有了肮脏的往来，原本纯粹的友谊会变得微妙而脆弱，如果你不想失去这些朋友，请规规矩矩办案。

你真的准备好做一个实习律师了吗

毋庸置疑，律师行业中，"00后"已经崭露头角，"90后"正在乘风破浪，"80后"显然正当其时，"70后"正在慢慢变老，"60后"则如落日余晖。行业的新陈代谢如此，江山代有才人出，各领风骚数十年。

央法已经有了"00后"律师助理，这些年轻人有梦想、有干劲，思想活跃，阳光上进，假以时日，很快就能脱颖而出。

因为常年分管律所人才引进工作，积攒了一点儿经验。其实无论是合伙人律师还是独立执业律师的面谈，都是很欢快的，唯独在面试实习律师时，是一点儿也不轻松的，特别纠结。对年龄大的，半路转行做律师的，需要综合其从业经验，安排合适的指导律师和团队，提出相对合理的建议。相比果断伸出橄榄枝，对年轻律师，我们做得更多的是狠心拒绝，因为，许多人都是懵懵懂懂来面试，认为通过了法律职业资格考试就一定能做好律师，就一定能赚到钱，对律师职业的特点和

第一章 法官再优秀也不一定懂律师

现状一片茫然。有一次,上海政法学院送过来一批大四的实习生,在欢迎会上,几位实习生都先后直接发问是否有留用机会。等到第二个学生继续问这个问题时,我跟他们回复了两点,一是每个律所都有自己一整套的用人计划和用人标准,即便你们足够优秀,但是如果我们相关业务部门没有用人需求,那么也只能非常遗憾了,例如你想做刑辩,但是我们近期只有建工和知产部门有用人计划,你就只能去看看其他律所了。二是你们现在还基本不懂律师行业,基本不知道怎么做律师,等你们真正走进行业了,发现律师行业远没有想象中那么美,说不定就不愿意做律师了,想去考公务员或者从事其他职业了,所以,现在谈留用还为时过早。那么,优秀的实习律师应当具备什么样的素养呢?

无限热爱。在面试应届毕业生时,我第一个问题总是"你今年考了哪些地方的公务员"。对律所而言,队伍的稳定极其重要,我们习惯去法检两院挖墙脚,而不喜被法检两院摘桃子,因为法检两院经费充足、人才济济,流失几个员额法官检察官,不会有什么影响,而律所则相对脆弱,任何个体的出走,律所管理者都会紧绷神经,迅速检视和反思。所以,但凡以当律师职业为跳板,临时过渡一下的人,我们都是直接拒绝的。更何况,一个心猿意马的人是做不好律师的,他永远都无法全身心地投入事业中来,他永远都没有孤注一掷的决心和勇气。热爱,是我们取得建树的原动力,只有在律师职业中感受到乐趣与尊严的人,才可能找到并保持职业的激情。

无间学习。最优秀的律师一定是一个百科全书式的人物，他可以在法庭上滔滔不绝，各部门法融会贯通，游刃有余；他也可以在茶余饭后引经据典，谈笑风生；他还可以混迹于江湖各处，针砭时政，矜奇炫博。年轻的法科生，最缺的并不是经验，而是知识。经验可以在指导老师的指点下很快掌握，而知识储备不足、知识面过窄的瓶颈却很难短期突破。律师与法官检察官相比，对知识结构上差异化需求是截然不同的，法官检察官满足于从法律视角解决现实问题，而法律服务市场要求律师立地书橱，且计谋百出。所以，实习律师前面三五年唯一要做的就是学习，学知识、学技能、学经验、学做人，三五年后，要想成为一个小有名气的律师，做得最多的仍然是学习。

无碍思考。央法在确定实习律师的招录条件时，其实还有一个潜藏的招录规则，就是同等学力下，优先招录本科是211、985的毕业生。我们发现名校毕业生的思维更加缜密，且活跃，同一个事实，可以从刑民行不同法律关系角度论证，提供多种解决问题思路，并且迅速形成书面材料。在当前法律服务卖方市场的形势下，客户需求是复合型的，发散思维、多元方案，对获客及维系案源是极为重要的，不具备这个条件，就几乎无法抢占高端市场。作为一名年轻的新人，思维固化、僵化是相当危险的，意味着很可能在律师这条路上永远做不大。

无比勤奋。年轻的实习律师在相当长时间内对指导老师而言几乎是零价值，即便是再三叮嘱，大量的工作都需要返工，很可能指导老师自己一下就能完成的工作，为了教会实习律师反而要付出数倍的代价。这也是为什么实习律师普遍待遇不高的重要原因,法律的生命在于经验,法学院的背景仅仅只是一块入门砖。抵制诱惑、克服惰性会是年轻律师面临的首要难题,一方面,在浮夸烦躁中坚守本性,脚踏实地,淬火成钢;另一方面,朝乾夕惕,容不得一丝懈怠。实习律师需要掌握的何止是法律、法条,政治、金融、工程、生物、互联网、高科技等你在法学院没有涉及的领域都需要去深入钻研;绘图、制表、数据及案例的搜集与分析、综述等之前在法学院没有全面掌握的技巧都亟待巩固深化;接待、谈判、协商、主持等在法学院未充分锻炼的技能都需要尽快纯熟。一定要有韦编三绝的精神,绝不能把时间虚耗在追剧、游戏等毫无意义的事情上。数年以后,当你饱尝丰收喜悦之时,你一定会感激自己当年的孜孜不倦。

有的人,在实习期已经风生水起,案源滚滚;有的人,实习期已过,仍然对律师职业一知半解,甚至消沉绝望。这根本区别在于态度。

先打螺丝还是先做律师

打螺丝与做律师看似风马牛不相及，但实则却是个双选题。

我们首先来看几组数据：1076万、75万、50万。

1076万。根据教育部统计，2022年预计中国高校毕业生将达到1076万人。

75万。截至2022年年底，全国共有执业律师65.16万多人，对比2021年统计数据，2022年全国执业律师人数比上一年度新增7.68万，涨幅超13%。截至2022年年底，全国共有执业律师65.16万余人，对比2021年统计数据，2022年全国执业律师人数比上一年度新增7.68万，涨幅超13%。根据司法部《全国公共法律服务体系建设规划（2021—2025年）》，到2025年，全国执业律师达到75万名，按照现在的发展速度，2025年75万名律师的计划只会提前超额完成。

50万。据之前上海市公布的统计数据，在6.8万本科毕业生中，法律专业毕业生就有3448人，相当于每20个本科生中就有 1 个就读法律专业。按照这个比例，那么今年毕业的法科生接近 50 万人。

一方面是巨大的就业压力，另一方面是法律服务行业的惨烈竞争，市场高度饱和，大多数法科生可能只能先就业后择业。

如果要考虑专业对口，法科生除了考公务员，剩下的就是去企业做法务和去律所做律师。律师职业，由于其行业特性，大所在招聘助理时，大多会优先选择毕业于五院四系等国内外重点院校，以及家庭条件相对优越的毕业生，最好硕士是在国外读的。理由是：（1）根据行业惯例，实习律师的薪资极低，仅靠微薄的工资无法养活自己，更不用说资助父母、养活家庭，而大多数毕业生即将面临结婚生子、赡养父母、购车购房等现实问题，如果长时间低收入，大部分人都将无法坚持下去，而律师偏偏就属于三年入行，五年解决温饱，八年晋升合伙人的慢热型职业，家庭负担过重，很可能逼迫这些年轻人半途而废，谁会希望自己带教出来的律师最终离开律师行业。（2）法律的生命在于经验，但是，如果没有扎实的法学理论功底、较强的悟性，其进步的速度将会明显偏慢。在实践中，我们发现毕业院校越好，撰写的文书质量明显更好，而且工作效率更高，带教更加顺畅，毕竟谁都愿意教聪明的学生。（3）中产以上家庭不仅能为子弟继续予以资金支持，有的还能在案源开拓等方面提供帮助，更重要的是，大型律所经常面对大客户，而中产以上家庭子弟在社交礼仪、眼界见识等方面更加有优势，进入角色快，融入更加方便。（4）律师行业监管尽管日趋严格，但是毕竟不能与体制内相比，一个连温饱问题都无法解决的人，很可能会为了不义之财，铤而走险，违规执业，当年的好心接收，反倒是害了他。而如果他进了体制内，尽管不能大富大贵，但却也衣食无忧，不至于为了蝇头小利践踏党纪国法。这也是为什么律师招聘过程中，面试考官总会仔细询问其家庭出身的原因。

相比较律师职业，打螺丝之类的工作优势再明显不过了，对知识的要求不高，只需要短时间磨炼便可以成为熟练工，不区分毕业院校，更不会比较家庭背景，更主要的是，刚入职就拥有不错的薪资，解决自己的温饱问题还是绰绰有余的。而在积累了一定的资产和人生阅历以后，再去从事律师职业，又是另一番光景了，掌握的资源和从业的心态截然不同，进步速度自然就不同了。我见过太多法科生一毕业就入职律所，一拿证就申请离职的情形，也见过太多从事建筑施工、市场营销、教育培训等行业，半路杀入律师行业，最终收获满满的例子。

不是每个人都适合做律师，更不是每个人做律师都能成功。

理想敌不过柴米油盐，打螺丝和做律师真的不能搞一刀切。

法官和律师谁更专业

经常有同行跟我吐槽，某基层法院法官业务水平实在太差了，调解过程说的都是外行话，再三解释，甚至提交了书面材料后，判决书仍然是逻辑混乱，违背最基本的常识。也经常有法官跟我闲聊，有的律师连请求权基础都没搞清楚就跑过来立案，结果呢，案件从他诉请确定那一刻起就注定不可能胜诉。

法官群体和律师群体整体素养都会有落差，每个群体都有业务能力特别精湛，理论功底扎实，且悟性特别强的个体，所以，本部分仅从整体上讨论谁更专业的问题。

不管大家是否愿意接受这个观点，我认为法官群体的业务能力要远高于律师群体，而且这种差距会越拉越大。

一、从办案数量上来看，法官年均办案数远超律师

尤其是东部地区的基层法院，基本都是超负荷运行，年均办理二三百个案件很常见。当然，由于法官和律师工作性质的差异，律师个体不可能每年能办几百个形形色色的案件（批量

案件除外），每年能办理 50 个案件的律师已经是极不容易了。优秀的法官和优秀的律师一样，都是案件"喂"出来的，没有实操经验，法学理论知识再扎实，你可能连起诉状都写不好。所以，仅从办案数量和多样性上来看，两者差距巨大。

二、从工作标准来看，法官的工作标准更高更严更规范

法院系统内部有考核评比，每一个案件装卷是否规范，审理报告制作是否有瑕疵，合议庭记录是否完备，适用法律是否正确都是评查事项。对外，法院的裁判文书是否有语法、标点符号、逻辑论述等错误也都是重要的衡量标准。而律师执业，对文书并没有硬性的要求，所以我经常见到相对随性的律师文书，甚至有的律师并未养成递交书面代理词、质证意见等材料的习惯。

三、从专业分工来看，法官更加专注于法律适用

员额制改革后，很多地方法院按照一审一助一书的配置组建小的审判单元，法官只需要研究法律适用的问题，其他的程序性事项全部交给了法官助理和书记员，以上海法院为例，大多数基层法院在正式开庭前都会先做庭前证据交换，这个是由法官助理主持的，然后择日再另行正式开庭，节约员额法官的时间。而律师在这个方面与法官相差巨大，打印、复印、邮寄等诸多琐碎事项，尤其是与客户的沟通会占据绝大多数案件 80% 左右的时间和精力，而这些工作几乎都是由承办律师一人完成的。

四、从队伍结构上来看,两者的距离越来越大

中院以上层级的法院几乎都要求至少硕士学位,甚至东部地区中高级法院还只招法学硕士,不愿意接收法律硕士。对法科应届生来说,首选公务员,实在找不到工作了,才来考虑进律所,即便如此,仍然还有相当一部分律师是半路出家,中年入行,之前从未进过法学院,仅仅只是通过了法律职业资格考试。当然,很多基层法院的法官也不一定就是知名法学院校毕业,但是最起码受过正规的法学教育。也有一些老法官可能也没有进过法学院,通过提干、顶职、部队转业等方式进入法院,这个群体随着年龄的增大,已经慢慢退休或者退线了,仍然活跃在一线办案的是不多的。而且,我特别担忧,按照目前律师行业的发展趋势,很可能就无法吸引优秀的法科生入场,存量优秀的法律人都要逃离,这是最让人揪心的。从人才的来源上看,法官的专业优势是十分明显的,远非律师可比。

五、从培训机制上来看,法官的职业培训体系健全完整,律师则零散落后

一个法官能够成长为员额法官,其参加的各种培训和学习是非常多的,从公务员初任培训、预备法官培训、晋高培训、组织部的青干班、上级法院组织的业务培训和论坛、与法学院校合作的专门培训等,培训机制很成熟,我每年都要在上海和杭州接待不少参加培训的大学同学和研究生同学,华东政法、

浙江大学等高校与各地法院、检察院有培训协议。律师的培训则要逊色太多，小律所自身几乎无培训，有的大律所倒是建立了相对健全的培训体系，但是无论从师资、教学方式、培训时长等角度来看，都还有较大的进步空间。律协也会组织各种培训，但是，律师都很忙，又没有固定工资，鲜有大老远赶过去听讲座的。

整体上的专业差距，并不影响律师个体在个案中的专业优势。律师行业的专业化发展已经有很长的积累了，许多律师深耕专业领域，已经成为行业研究真正的大家。很多建工律师不仅熟悉法律，而且对建设工程领域了如指掌，庭审过程随口而出专业词汇，这些东西不跟法官解释，他们还不一定能理解。另外，很多案件都是涉及诸多部门法的疑难杂症，长期做民事审判的，不一定懂刑事和行政，而几乎每一个律师都是从万金油成长起来的，在专业的广度上，律师会优于法官。另外，行政审判具有与其他审判完全不同的一面，几乎每一个行政案件背后涉及的行政管理领域的专业知识都不同，而且对法官来说都是陌生的，如果不专门去学习，很可能案件事实就无法厘清，在同一起跑线上，律师迫于案件压力，花费巨大精力去学习行政管理专业领域的知识，在某些领域的专业优势也是客观的。

法官和律师都是终身学习的职业，也是一个互相学习的职业，律师的价值在于帮助法官准确地适用法律，聪明的法官也会巧妙地利用好律师职业的优势，不敌视，不冲突，实现 1 加 1 大于 2 的效果。

第二章

CITY

选择城市与律所
要因人而异

LAW OFFICE

第二章　选择城市与律所要因人而异

辞职是大事，必须从长计议。

我个人在辞职之前，还是做了一些功课的，一是走访了数家律所，有北京的分所，也有本地的大所，还有一些专业特色所，但是非常遗憾，没有一个律所合伙人拒绝过我，其实我真没有那么优秀，而我自己做了合伙人以后，一直在不停地劝退想从法检辞职的人员；二是看数据，各地律协或者司法局每年都会有本地律师行业发展的大数据报告，这些数字客观地反映了当地的法律服务行业实际；三是拜访部分领导，汇报下职业规划变更，征求其意见，领导干部都是见过大场面的，对许多事情都能一眼看穿，他们的意见的确是真知灼见；四是走访部分熟悉的企业家，表达了希望能获得认可、支持的意愿。

当然，后来随着圈子的不断扩大，我发现很多法检辞职人员在离开前几乎没有做多少准备工作，先离开再说，至于律所也好，企业法务也罢，边走边看，反正一定是走向诗和远方，至于路径，在所不问。我招的一个助理，就是从安徽池州某法院辞职的，有一天发了个朋友圈，说辞职了，暂别所在城市了，我问她接下来有什么打算，下个东家是否已经确定，她回答说，先旅游，其他都没想好，我说，那考虑下来我这儿吧，于是她就来了。多年以后，我开玩笑说，当年要不是我收留她，说不定这会儿她正忍饥挨饿，流落街头。

但是，我个人还是建议，如果一定要离开，那在此之前务必做好准备工作,要跟家属做好思想工作,要走访领导和朋友争取支持,要多渠道了解法律服务市场,打有准备的仗。但无论如何选择律所和执业城市都是法检辞职人员首先要解决的问题。

我的路径是先去大所在本地的分所,在积累了经验、资金、资源和人脉的前提下,自己创办律所品牌。但是,这样的行为模式不一定适合每一个人,很多人只想安安静静地执业挣钱,不愿意,甚至都没想过要参与律所的管理,很多人原本也只是擅长业务,并不一定适合作为律所的管理合伙人。而我自己离开的一个很重要的理由就是,无论作为法官还是纪检干部,只能通过个案去推动社会进步,没有那么大的平台让你去大显身手,而作为律师,可以自己创造一个大大的舞台,在这个舞台上,你就是主角,你可以决定这个舞台的装饰装修,你可以决定这个舞台上表演什么节目,你可以决定什么时候表演什么节目,你的个人价值和社会价值都可以充分地体现出来,在整个过程中,你还可以不断地增加和提高蓝图规划,执业的天花板从来都不可能出现,你奋斗的激情和动力从来都是源源不断。

另外还有一个问题需要附带提一下,可以说几乎每一个省份都会有区域性强所、大所,这些本地强所也有分所,甚至在外省市也有分所,那么,这些所外省市的分所是否也可以考虑呢?我的建议是原则上不考虑,中西部大所在外省市分所业务拓展天然的就受限,真正在外省市做起来的是不多的。当然,如果你的主要业务是在总所所在城市，另外刚好在其某一个分所所在城市业务潜力也很大，那么，的确也是一个不错的选择。

对城市的选择既是一个技术活，又具有相当的现实性。我见过太多从全国各地公检法辞职后来上海做律师的同行，在经历了两三年，甚至更短的时间之后就回原单位所在城市执业的例子，正所谓兴高采烈的来，垂头丧气的回，纵有万般不舍，终究无可奈何。法律服务行业从来都是现实的、残酷的。北上广深很大很强，但是可能老家更美更好。树挪死人挪活，但是律师职业却刚好相反，你的资源和人才基本集中在你长期工作生活的城市，到一个陌生的城市后，几乎要从零开始，这种拼搏的落寞感和无力感很难抵抗。

关于大所和城市的选择看似是一个多选题，其实你无法选择，选错了，只能悔恨重来。我对外地进沪执业的朋友有句老话：你满怀憧憬来上海，我们到虹桥来接你；你迫于现实回老家，我们到虹桥去送你，留或者走，我们情谊都在。

只是，每个人都没有太多时间和机会可以浪费。

去大所还是进小所

2018年12月13日,是在我从纪委辞职后的23个月,正式执业正巧8个月的时候,我从第一家律所离开了。

无论是影响力还是创收,当时的那家律所在华东地区无疑是大所了,不仅成功代理了国内一大批有影响力的大案要案,而且培养了许多优秀的律师人才,发展形势可谓一片大好。

但是,我还是毅然出来,和一群小伙伴创办了一家新所,这是在精细权衡利弊的情况下作出的选择,现在看来,当初的决定及时且正确。

大所的优势是十分明显的:

1. 品牌力量。大所的品牌确实对于业务开展有极大的帮助,特别是随着法律服务市场竞争日益白热化,小所将来会越来越难承揽高端业务,甚至压根连投标资格都没有,可以说留给小所的生存空间会越来越窄,在夹缝中艰难度日。

2. 案源拓展。由于大所在不同城市都设有分所,不同城市间就可以实现案源的共享,既节约了办案成本,也便利了当事人，同时，大所自身也是一个巨大的案源市场，只要你够勤奋，够专业，够踏实，全所同事都是你的案源人。大所通过投标入库或者命中大项目的概率是远超过小所的。

3. 业务能力提升。无论在从事律师职业前，你是法官、检察官还是法学院的学生，从事律师职业后，最迫切的都是业务能力的综合提升，业务能力也是决定你能在律师行业做多大、走多远的核心因素。大所一般都有相对健全的学习机制，有大量的论坛、研讨会、讲座、例会等，可以给律师提供较为重充足的给养。而小律所，就相当于玄幻小说里的散修，自生自灭，资源匮乏，进步速度慢，而更令人揪心的是，认知的提升太慢。

但是，大所的弊端也不少，特别是对于从法检辞职的"资新律师"来说，更为明显：

1. 人才济济的现状与短期内脱颖而出的期待之间的矛盾。许多高端法律服务市场的竞争几乎就是从法院、检察院辞职出来的律师之间的竞争，在刑事辩护领域尤其明显。大所本身规模大，储备的优秀律师也非常多，许多团队内部和团队之间都已经形成了固化的利益分配和合作机制，那么，在这样的情况下，即便再牛的法官和检察官到了大所，也需要较长时间才能全面融入集体，闪光发亮。

2. 体制机制相对僵化与个人职业规划之间的不适。大所一般是老所，老中青三代人，十几年甚至几十年的努力，才打下如此根基，实属不易，但是，经过多年的发展，一些理念、观念、做法、习惯慢慢地随着时代的变迁已经不能适应法律服务市场的要求，律师行业也急迫地需要创新与变革。

但凡从法检辞职的朋友，都属于有干劲有想法的类型，他们很快就会发现存在的问题，并且会自觉调整适应，会努力挤入律所的管理层，参与决策。

同时，主任、副主任、高级合伙人的头衔与业务拓展是相辅相成的，一方面，只有业务上去了，才有资格享受头衔，一般大所的高级合伙人要求年创收100万元以上。另一方面，这些头衔确实能带来更加丰厚的收入，这是一个良性循环，但是，反过来说也是一个恶性循环，业务越是差，越是无法跻身管理层。

3. 大所的落寂感与明星律师的发展需求之间的冲突。与其他律师相比，从法检辞职的律师，大都在业务技能方面具有不可比拟的优势，他们对司法权运行的模式可以说是了如指掌，他们也更加期待在律师行业能跑步前进、弯道超车，律所能够给予更多的培养和关照。

但是，大所人多，牛人多，资源都是有限的，一个新人想享受最一流的资源并不那么现实。

当然，在法律服务行业越发讲究规模化、品牌化的今天，离开大所创办新所，确实需要勇气。如果在理念与模式等方面没有创新，缺乏特色，是很难吸引优秀的律师，做大做强的。所以，我按照自己的设想，结合其他律所的做法，制定了律所发展的基本方略。

1. 队伍建设。人才是律所发展的不竭动力，优秀的执业律师是律所最宝贵的财富。在办所之初我们对队伍的要求就异常苛刻，宁缺毋滥。

当时租赁的办公场所有1200平方米的崭新空间，可以容纳一百多人同时办公，但是，每一个合伙人、专职律师、律师助理，甚至行政人员的进入，都是层层把关，集体会商的结果，重点考察执业道德与执业水平，对年轻律师，原则上都要求211、985的硕士研究生，而且必须在某一领域有专长，同时，为储备涉外业务人才，还注意吸收具有用英语或者其他小语种直接办公能力的律师。

对合伙人的引进，尤其是管理合伙人，我第一次提出标准"创收基本可以，人品百分牢靠"，合伙人是一个律所的灵魂，高度强调人和，如果是一群乌合之众，一盘散沙，律所是发展不起来的。当时十余位合伙人基本都具有七年以上法院、检察院、公安业务岗位工作经验，我开玩笑说，我们是"新瓶装老酒"，律所很新，但是，我们的单兵作战能力超强。

2. 品牌营销。我们最初的设想是用3年时间储备100名优秀律师，3年以后启动"百城百所"战略，在全国100个主要城市创办分所，真正将律所打造成法律服务的一艘航母。当时，我们提出这个规划以后，遭到很多人的嘲笑，他们觉得我们是异想天开，后来证明，所有的设想我们都提前实现了。当然，要实现这些目标，不仅需要律所在品牌上持续的大投入，而且要高质量地做好品牌营销，所以，从律所成立一开始，我们就完全不考虑成本的问题，招聘专人负责网站、公众号等运营，而且自发成立了"品牌营销基金"，随着律所的发展，我们设计律所的专职营销团队要占全体律师的十分之一。

3. 风险控制。规规矩矩执业是律师执业基本要求，要想走得快、走得远、走得稳，就得预防执业风险。律所品牌的打造也需要一整套严密的风险防控体系，所以，我们设计了在接待当事人、签订代理合同、收取律师费、判后答疑等环节上的风险预防方案。

我们也绝对不搞虚假承诺，不搞恶性低价竞争，只为有理人服务，严格控制败诉风险，坚决杜绝投诉风险，同时，毫不犹豫地穷尽手段维护每一位律师的合法权益。

4. 宣传推广。酒香也怕巷子深，做律师切忌埋头苦干。每一个律师都是一个宣传员，每一个场合、场景都是你展现自己风采的舞台。但是，光有认知还不够，要着眼长远，紧跟形势，拥抱科技，于是，我们创办了公众号与视频号，开办了直播课。通过这些平台把律所和律师全方位地展现给公众，让更多朋友深入了解我们，每一节课都是合伙人带头上，每一场活动合伙人都默默地付出。在艰辛付出的背后，回报也来得突然，来得丰盛，不仅带来了直接的案源，也带来律师界的高度认可。

5. 公益事业。随着执业年限的增长，我们都会考虑，究竟什么才是衡量一个律师优秀与否或者成功与否的标准，是否年创收过亿？是否有了自己的品牌和律所？其实都不是，最关键还是看，他是否对法治建设有较大的影响，在普通老百姓合法权益维护上能否贡献较大力量。

所以,在办所之初,我们的合伙人就有一个设想,每年既要有公益软活动,又要有公益硬行为,软的就是诸如公益讲座、法律援助等,硬的诸如捐资助学、捐资办校等。我们信奉,律师不仅要养家糊口,更要承载社会公益责任。

别看我们还比较年轻,但是,我们的律师不稚嫩;律所虽小,但我们的舞台注定在全世界。

从大所出来,亦如当初从法院、纪检机关出来一样,不免有些许徜徉。但是,自己办所后,有更多的任务在等待我,有更大的使命在召唤我。

去综合所还是去专业所

律师事务所根据业务类型分为综合所和专业所,综合所的业务类型多元化,既有非诉讼也有诉讼,既有民行也有刑事,专业所就是只做某一个领域,或刑事、或婚姻家事、或建设工程、或人损等,有的专业所甚至要求绝对的专业收案,只做刑事,不允许接收民商案件。

综合所和专业所各有千秋,不能简单地说谁好谁不好。综合所业务来源多样化,尤其是综合大所,所内就是一个巨大的案源市场。专业所往往在特定领域积累了较多的客户资源,在行业内影响重大,案件收费较高,当然,也有一定的弊端,就是专业所的标签会对其在其他领域的业务拓展产生不利的影响,当事人一般不太会愿意去找一个刑辩所的律师做婚姻案件,而且即便是公司主体,它的法律服务需求也一定是多元化的,当事人一般不太希望自己的律师业务局限在某一两个小领域,他们更加喜欢一站式服务。

去综合所还是去专业所,取决于如下几点:

第二章 选择城市与律所要因人而异

1. 你会什么。这个是最重要的,选择一个你最擅长的领域,可以把自己的特长和优势发挥到淋漓尽致。从检察院公诉岗位出来的人,一般都会选择刑事业务作为自己的主要业务领域,因为他们可能在之前十几年的工作过程中从未接触过民商业务,甚至他们连撰写一个民事起诉状都是件困难的事,如果去做其他业务,相当于从头再来,而且即便是付出了艰辛和努力去学习,到头来还是会发现自己仍然只是半桶水。当然,我并不是说会什么就一定要选择相关的专业所,大所内部也细分了专业部门,去大所也并不会影响你的专业化道路。但是,你在某些领域造诣很深,确实给了你一个更多的选择机会,你可以选择专业所,成为行业或专业领域的知名律师。

2. 你有什么。律师职业高度依赖资源和将资源变现的能力,你如果在金融、建工、运输、互联网、能源等领域有海量资源可以挖掘,你就可以选择一家专业所,这个对你拓展业务反而赋能不少,甚至其他律师根本没有能力和你竞争。所以,在作出选择前,你需要深度地盘点自己,究竟可以激活哪些资源,是单一性质的资源,还是多元化资源,这些资源能否给你带来源源不断的新资源,持续给你注入活力。甚至你还可以事先去了解下市场的反应,在这些领域,客户更希望自己的业务由什么样的律所和律师来承接。

3. 你的机缘。很多时候,选择律所就是一个懵懵懂懂的决定,可能一通电话、一个饭局、一次面谈,甚至是一个眼神,就让你瞬间就作出了选择。如果这个所有专业的团队合伙人愿意带你，又能提供一定的物质保证，我想不管是综合所还是专业所，你都有选择的理由。

当然，也并不是说选择了专业所以后，就要从一而终，再不会选择综合所了，当初的决定建立在你最初的资源和专业优势上，但是，随着人际关系的拓展，资源的进一步整合，你发现自己能做的还有更多，在其他领域更具备无限可能性，那么，这个时候，你就得果断转移阵地了。我有不少朋友，之前都在专业刑辩所，但是，近几年都纷纷转入综合大所，这个可能跟刑事业务这几年处于相对低谷有关，但律师之间的流动确实是很正常的现象。同样，最初选择综合所的律师，在积累了某一特定行业丰富的资源以后，换到专业所可能更加有利于提高创收，更加有利于其深入专业化。

但是，未来律师行业的业务竞争，律所只是一个方面，在一些情况下占有重要分量，在更多的情况下，只是一个次要的参考因素，不要舍本逐末。法律服务行业竞争核心在于律师跟自己的较量，来一句心灵鸡汤，叫"做更好的自己"，让自己更能洞察客户的需求、命中客户的痛点、解决客户的问题。不在这个方向下足功夫，律师生涯黯淡无光。平庸的律师都是一样的，精彩的律师各有各的精彩。

有人可能还会有疑惑，我既不去综合所，也不去专业所，我就在家附近随便挑一个小所。凭我对法律服务行业的格局大走向预判，未来的律所一边是头部大所，一边是精品小所（建工、家事、刑事等），走不到供这二者的其余律所，统称其他所，苟延残喘而已。

如何选择城市地段开设律所

2022年,我们全体合伙人一致决定,律所名称更名为央法,主要考虑了两个因素,一是目前各地都在大力推进城市中央法务区建设,划定楼栋、或者区域,作为中央法务区,集中律所、公证、鉴定、派出法庭、仲裁委等单位入驻,今后中央法务区一定程度代表了当地法律服务的最高水准,民众寻找法律服务,也会首选中央法务区律所,央法在各地的分所都要想方设法入驻中央法务区,争取成为中央法务区第一所。二是以法为央,维护好、实现好客户利益,靠的是法律的根本,央法坚定的走技术路线,不行贿、不勾兑、不炒作。

经常有全国各地的律师跟我们联系分所事宜,有一次,宁波的一个朋友专程来上海,说很有诚意,想做央法宁波分所,场地和人员都是现成的,立马就可以挂牌开张。我们详细询问了基本情况以后,委婉地拒绝了。原来,这是一家在某区法院门口的律所,租了两个门面,请了几位年轻律师,联合当地一家财税公司做内推,总的说来,也还是能解决小康问题的。但是，这种律所，有人形象地称呼为"站街所"，这类所具有天然的弊端：（1）尽管会有上门客户，但是，高度局限于附近区法院的案源，辐射范围极为有限，甚至都不能走出所在的区，更不用说辐射周边城市，而宁波是港口城市，海事海商业务、走私犯罪业务都普遍较多，而且都是黄金业务，如果舍弃了这些方面的业务，着实可惜，甚至我认为分所毫无意义；（2）很难吸引优秀的律师和团队，规模化很难成形；（3）在案源开拓方面，大部分都是个人客户，企业客户很难开拓，创收很难有大幅提升，个案收费更难提升。

无独有偶，央法长沙分所在筹办过程中，当时几位有意向的律师都住在长沙县，主要的人脉和资源也都在长沙县，也为选址问题纠结不已。长沙县位列2022年度全国综合实力百强县市第5名，蝉联中西部第一，的确是实力强横的大县、强县，而且长沙县离主城区也不算太远。记得那天晚上，我去长沙县和几位兄弟当面谈了好几个小时，其中一个重要内容就是律所选址的问题。我提出一定要克服困难，首选主城区湘江边5A级写字楼，主要有以下几个理由：（1）到主城区去，到高档写字楼去，并不影响大家的业务维系和开拓，长沙县的业务还是可以继续办，而且，从长远来看，对大家只会有好处；（2）长沙县再强，也只是一个县城，会让很多客户认为分所偏安一隅，尤其是主城区的客户，不太愿意来县里找律师；（3）如果选择长沙县作为分所所在地，不利于开拓案源，特别是对中院管辖的案件，以及申诉再审案件，会有天然的不便，辐射范围有限；(4)长沙县目前的写字楼等也没有特别合适做律所的，而主城区湘江边写字楼的价格并不高，几个大楼都有较多选择空间；(5)一般情况下，律师的地段更优越，装修更豪华，如果再加上律师个人业务过硬，往往能创收更高。

地段对律所来说是至关重要的。以上海为例，浦东新区依托区域集聚的雄厚商业资源与庞大办公体量，律师事务所数量位列第一，在浦东新区，律所规模化的速度更快，质量更高，创收的头部律所都集中在那儿。那么，为什么央法上海总部选择虹桥呢？主要考虑了以下几个因素：(1)国务院虹桥国家开放枢纽战略，2021年2月国务院就公布了这一重大发展战略，势必对虹桥的发展产生重大影响；(2)虹桥区域总部经济的特性，虹桥区域总部企业林立，到2023年3月，虹桥国际中央商务区（闵行）已吸引2.4万余家企业和机构入驻，其中具有总部功能的各类企业已达240余家；(3)虹桥区域四通八达的交通网络，无论是飞机、高铁、地铁等都十分便利，对于一家在外省市具有大量业务的律所来说，虹桥无疑是优选。

路径并不唯一，有的律所别出心裁，选择相对僻静区域的别墅作为办公楼，这个也是很好的选择，可以做更好的装修设计，环境幽雅，停车也相对方便，对谈案收费加分不少。当然，也会有弊端，商业氛围不足，一般离市中心较远，不过，随着线上营销的兴起，原本难以克服的弊病，很容易就解决了。

在选址时，还有一个特别重要的考虑因素，营商环境和税收政策。律所也是市场主体，而且还是十分重要，且特殊的市场主体，一些地方会专门针对律所、律师出台政策，在开办资金、税收优惠、运营扶持等方面给予大力支持，例如宁波、杭州余杭、上海浦东、上海虹桥等地，律所的发展离不开政策扶持，如果能享受优厚的政策，那么，对其他律所来说，的确可以说是降维竞争了。当然，也有一些地方对律所没有政策支持，认为律所不属于企业，所以，不能享受企业可以享受的全部政策，对这样的地方则要敬而远之。

留在本地还是去北上广深

选择哪个城市执业其实并不是一个多选题。

首先，你得准确地认识自己是谁。你是否已经结婚生育；是否还有其他兄弟姐妹；父母亲身体状况如何；你的经济状况如何；你的身体状况如何；你是否擅长交际；你在这个城市认识多少企业家；你的同学、朋友主要在哪儿；你最擅长什么领域；等等。

对自我有了精准认识以后，你其实不难作出选择。

当然，有人可能会说，你的思维不对，我从体制内出来，就是要改变自己的生活环境和轨迹，就是想从小县城到大城市，你这样一个瞻前顾后的态度，反倒会阻碍事业发展。是的，我们周遭不乏从一无所有到人生巅峰的个例。可是，律师行业有其自身的特点，情怀和梦想敌不过现实。

其次，你得了解准备去的城市。

还是以上海为例吧，上海律师行业的数据，我已经在前面的文章中作了介绍，可以说上海的法律服务市场是一个充分竞争,常规业务领域高度饱和的状况。那么问题来了,从中西部三四线城市来上海,究竟核心竞争力在哪儿?

你对当地的语言、风俗是否熟悉?一方水土养一方人,出外靠朋友,在上海举目无亲,你需要尽快融入当地,本土化、本地化,你才能真正做大。你在跟上海本地律师竞争的时候,怎么样才能把自己的优势展现出来?毕竟你之前那个小县城跟上海可能几乎没有关联性,你初来乍到,方向都还没有摸清。

你是否因为本领恐慌,对新类型案件无从下手?作为中国最大、经济最活跃的城市,案件类型无疑也是最多的,而你之前可能是在县法院的派出法庭工作,尽管每年也办了不少案件,但是,大多是离婚、提供劳务者受害责任纠纷等案件,对这些新类型案件可能之前都没有听说过,能不能搞定客户,并且顺利办好案件?

如果按照这个逻辑,是不是大家都没法来大城市呢?

当然不是,有个新词叫换道超车,似乎可以给我们一个启发。

法律服务行业是一个非常古老且相对呆板的行业,但并非一成不变的行业。随着新技术、新媒体的兴起,利用互联网爆红的律师已经不是什么传奇了。抖音、小红书、视频号捧红了一个又一个网红律师,而且已经深刻地影响了"90 后""00 后"客户获取法律服务的方式。

讲到这里,我们可以做个结论了,即便是通过传统途径,如果能架起家乡与上海之间的桥梁,迅速加入上海商会,畅通好跟驻沪办等单位的联系，整合校友资源，当然也是能短期就作出成绩来的。如果能顺应潮流、与时俱进，那么，你就可以成为时代的弄潮儿。

然而，相比一个结局不确定，但过程一定充满艰难险阻的选择，我更倾向于留在本土，到所在的省会城市。概括起来就三个字：熟、亲、易。

太熟了。省域之间的司法习惯是存在较大差异的，可以说，凡是诉讼法没有明确规定的地方，各地的做法就会是五花八门。在本省执业，你可以轻车熟路做好全部工作。

太亲了。风俗、口音、饮食，一切都那么亲切，一点儿都没有背井离乡之苦。

太易了。在上海你得主动出击，浑身是胆，逼迫自己学会一身武功，在家乡，你可能只需要被动等待，找你的人络绎不绝，一不留神，你已经声名鹊起。

无论怎样的选择，都有得有失，选择适合自己的，才是最好的。

中年以后，老家已回

有个认识多年的朋友，尽管平时因为各自都忙，见面机会不多，但是我一直都默默地关注他。这个兄弟无论哪一方面都值得我学习，我甚至多次在合伙人会议上提到他，要合伙人多向他学习。这个兄弟并不是学法律的，最开始是做销售的，从江西老家辗转宁波、杭州、上海、广东等地，销售也做得有声有色。有一天因为产品质量责任纠纷被客户起诉了，案件的经历很糟心，经过鉴定、一审、二审等程序，输了官司赔了钱，但是，在这个过程中，他居然喜欢上了法律，对律师职业十分痴迷。案件结束以后，他立马就购买书籍，开始备考，可是毕竟不是学法律的，而且平时工作也比较忙，结果花了三年时间才考过。但是，这一点都不影响他对法律事业的热爱，义无反顾地放弃了已经开拓的事业，投身律师行业。

中年入行，半路出家，又是在一座完全陌生的城市，想想应该是极为艰难的职业道路。但是出乎意料的是，他的转型之路特别顺畅，拿证以后很快就跟一群小伙伴开了律所，他擅长销售的优势对律师执业帮助巨大，加上之前攒下了丰富的人脉资源，跟当地政府的关系也处理得十分妥当，顺利当选区政协委员，年创收也节节攀升。我们也都为他感到骄傲。

2023年年初的一个晚上，他给我来了一个电话，寒暄之后，直入正题，他跟我说，想离开大城市，回老家发展，主要有以下几个理由：（1）老母亲年事已高，不习惯大城市的生活，没有朋友又不会讲普通话，每次来城里，住不上一个月便痛哭流涕要回老家，回去以后又没有人可以照顾她，止不住的担心，老母亲也多次提到，能不能居家迁回，一家人生活在一起。（2）经过这么些年的发展，创收瓶颈已经越发明显，大城市竞争激烈，以他的资历和条件，再往上突破的可能性基本没有了，而且疫情几年，客观上创收还有所下降，也已经是身心俱疲，不太想继续在大城市惨烈地竞争下去。（3）经过数次调研，老家法律服务业还处在一个十分原始的阶段，没有上海律所的分所，当地的律师几乎没有品牌意识，也不熟悉互联网思维。（4）回老家执业，并不是意味着就放弃了大城市的存量资源；相反，刚好可以在两地间架起一座桥梁，实现资源共享，优势互补。趁现在刚过不惑之年，还能折腾折腾，所以想回家乡发展。（5）当地政府和两地商会明确表示大力支持，作为招商引资企业入驻，享受相关政策红利。因为央法在上海、杭州等地都有分所，便于他后续对接业务，所以，他咨询央法的分所政策，看看是否可以在老家把央法分所办起来。

孝是一个人最重要的品德，我自然毫无保留地表示理解和支持。律师和法官一样，都只是一个职业，某种程度上来说只是一个养家糊口的营生而已，对家庭和家庭成员的关爱、倾斜永远都是第一位的。我也认识很多北上广深的律师，年轻时奋不顾身地投入，等到年龄稍微大点之后，体力和脑力不能完全胜任律师工作的强度和专业度了，这个时候就会考虑落叶归根。可是，这些人是真正有眼界、有执行力的，我认识一位老兄，回老家以后，先是当选村支部书记，然后当选当地人大代表，以双重身份成为家乡的网红主播，将乡村的土特产品推向全球。这样的工作成就和价值，你说比做律师差？依我看，这位老兄真是一个被律师职业耽误的村支部书记、农村致富带头人。

就自己而言，其实也深深地被这个问题困扰，我老父亲也是完全不适应城里的生活，用他的话说，跟坐牢是一样的，没有圈子，没有娱乐，甚至连饮食都完全不同。迫于无奈，我也只好逢年过节多回去陪他，有时候出差途中绕道回去看他。

律师当然要对律师职业无限热爱，要对法律事业无限热爱，对家庭和家庭成员更加应该无限热爱。在各方冲突无法调和的情况下，家庭永远都是第一位的。远离尔虞我诈，随遇而安的生活，让自己开心。这个也是我一直强调的重要观点，律师职业耗精髓，适可而止，见好就收方为智者。

中年转行做律师的危与机

因为常年分管人事工作，经常有全国各地的朋友来咨询，我已经40岁左右了，刚拿了法律资格证，现在在一家公司工作，虽然收入稳定，但是工作没有激情，想加入律师行业。

对这类咨询，我统一回复，无论在哪个年纪，我们都不应该放弃继续前行的脚步，但是，做律师绝非易事，要综合分析各方面因素才能稳妥决策。

有了资格证跟办理律师业务几乎就是两码事。法律职业资格证书是很容易考取的，不少人中专毕业，自考本科，之前从未学过法律，经过短暂集中学习，一次性就通过了。可是司法实践很复杂，需要学习的方法、技巧、程序非常多。律师职业是一个需要终身学习的职业，中年以后，还能不能保持这样的心态，一直不停地学习，这很重要。中年以后，学习能力和记忆力都已经减退，即便是自己想不断地更新知识，客观上是否有这样的能力？中年入律所，就会发现你的周边除了你，其他人好像都已经很成熟了，想要在技术层面超越他人是一件十分困难的事。一把年纪从头开始学习新事物，甚至要和应届生共同竞争，你的带教律师甚至是个"90后"，你是否能调整好心态，一切归零再出发？而你在具体的接待客户和办案过程中，由于缺乏法律科班训练，实操经验不足，基本功薄弱的问题会成为影响和限制你承办重大复杂疑难案件的决定性因素之一，而且你很难在司法人员和同行面前去证明你的业务能力，因为的确存在较大的差距，这样的差距靠后天努力是难以短时间找齐的。

做律师与打螺丝几乎不可同日而语。在公司上班，无论压力多大，待遇高低，最起码有老板在上面顶着，公司破产了，你还可以换个地方继续工作。做律师，你就是老板，除授薪律师以外，律师职业的全部成本均由自身承担。人到中年，家庭的重担都在你肩上，如果你没有了收入来源，家里唯一的经济来源会断。每个年龄阶段对待工作的态度是不同的，工作的意义也是有区别的，律师职业早就过了一夜暴富的年代，收入的增长与执业年限大致是成正比的，你是否做好了相当长一段时间内暂时没有足够收入的准备，因为你要经过一年半左右的实习期，如果没有自有业务来源，实习期微薄的工资养活自己都难。又或者，从长远来看做律师是不是一定就比之前更好？会不会努力到感动自己，方向错了，越努力越失败，仍然只能半途而废？

在正确面对劣势的同时，也应当看到中年转场律师的优势。

年轻律师的优势在于精力充沛、学习能力强、思维活跃，但中年也有自己的长处，比如以往的工作经验和为人处世，时光磨去了中年人的棱角，带来的是更丰富的社会经验和更圆滑的处事态度，对于人性的洞察和一些事的考量也更为成熟沉稳，这些长处都能够帮你转化为实实在在的业务和收益，让你在接待当事人时更加从容，观察和分析当事人心态时更加深邃，这些能够让你以后的律师道路走得更顺畅，更加高效。而偏偏这些东西年轻律师是很难弯道超车的，除了时间的沉淀，几乎没有捷径可循。

回头看，每一个经历都能转化成财富。中年转行，绝不能与之前的经历做彻底的了断，相反，正是之前的经历让律师职业道路更加宽阔，更加有无限可能。必须把原来的经验和人脉带到律师行业中来，成为自己入行的敲门砖。无论你之前是做销售，做设计，做安装，还是做其他的看似与法律服务风马牛不相及的行业，通过适当引导和转化，都能变成你的优势。我认识一个做工程设计的大哥，老有人欠钱，刚开始自己学着打官司，后来发现诉讼是很有意思的事，干脆就考了个证专职做律师，短短的几年时间就成为建工领域相当有影响力的律师，原因就在于他极度擅长整合资源，把之前在做设计时认识的甲方和乙方统统拿下来了，因为既懂建工又懂法律，很快就打开了局面。

做计划，细分目标，机遇不会垂青懒汉。中年入行，压力是显而易见的，每个人都想后来居上，可是如果方法不对，现实远比想象残忍。首先要保持热情，态度决定一切，千万不能因为年龄已经不小，经历的事不少，就对什么事都没了激情，得过且过，蝇营狗苟。一定要有比年轻小伙更加阳光开朗的心态。心态摆正以后，就是明确目标，拆解目标，制作计划的问题了。正是因为入行晚，要奋起直追，所以要制订精细化的工作计划，或学习充电，或走访客户，或拜访领导，每一项都要注重细节，高质量完成。只有了解自己每天要做的事情，才能更快地达到自己的短期目标，从而为长期目标服务。同时，要养成复盘的习惯，它能够让你的思维逻辑更清晰，对已做的事情和将要做的事情有更强的归纳。只有在这样日复一日苦行僧式的积累中，你才能悄然实现质的飞跃。

有的人，执业数年仍然黯然无色，有的人，一入行业便自带主角光环，中年跨行做律师，调整好心态，掌握好方法，犹未为晚。

高级合伙人应当具备的素质

合伙人强，则所强。

当执业一段时间以后，你就得考虑发展问题，如何成为并且做好律所合伙人。在引进合伙人的问题上，我们也一度存在偏差，饱尝教训。但很快，我们痛定思痛，严格准入，合伙人空前团结，律所进入高速发展期。那么，究竟律所引进合伙人应该坚持什么样的标准呢？

一、单纯、热情

多年以前，我看《大长今》时，为一句台词深深吸引，做任何事情，能成功的人，都有一个共同的特征，那就是单纯、热情。这句话对我的人生产生了极其重大的影响，以至于，此后在求学、工作、生活上均以此为要求，在与同学、同事、朋友的交往上均以此为准则。一个思想复杂，态度冷漠，甚至阴暗面过甚的人不宜吸收为合伙人。这样的人不仅不会给律所发展注入动力，反而会成为律所发展的阻力，满满的负能量。只有纯粹的人才能在利益冲突、决策制定和执行等问题上保持足够的理性与平和。有的律所连合伙人会议都难开起来，即便组织起来开会，也是动辄挥拳相向，究其原因就是想得太多，永远都是从个人利益出发，怀着复杂的心态，持有多重利益诉求。

还有的合伙人也能做到坚持律所公共利益优先，但是却过于冷漠，对参与律所公共事务不够积极，只顾做好自己的业务，这样的态度也是不妥当的。律所合伙人是律所的决策中枢，是其他律师的带头大哥，一定程度上就是风向标，引领全律所的风貌。所以，一个充满活力、热情奔放的合伙人团队，对全体执业律师会产生直接的激励作用。

二、敏锐、果断

法律服务市场的确是瞬息万变，不断有新领域出来，不断有新技术问世，同时，也不断有新的风险和挑战。风险中孕育着机会，只有看到风险的另一面就是机会，才能敢于冒险，才能取得突破。所以，作为合伙人，一定要时刻保持敏锐的嗅觉，要第一时间，甚至要提前察觉、布局、进军、占领新领域。如果连合伙人自己都按部就班、因循守旧，律所就永远走旧路、穿旧衣，活在别人的影子下。

在预测和发现了各种小趋势以后，如果优柔寡断，举棋不定，机会就转瞬即逝。人生不只是随便说说而已，行事畏首畏尾的人往往也是那种只会夸夸其谈，而不敢去踏实认真地拼搏。真正干大事的人，一定是找到自己的梦想与目标，即甩掉包袱，干净利落，坚定的朝着自己的目标前进。机会属于雷厉风行者，合伙人犹豫一阵子，律所落后一辈子。

三、硬扛、包容

干大事的人，一定要有一颗强大的内心。尤其是在当前法律服务市场白热化竞争的背景下，挫折与失败是难免的，案件无端败诉、投标莫名出局，庭审无故被批，律所合伙人要不怕打击，要懂得屡败屡战，扛住所有的磨难。只有合伙人有不服输、不信邪的精神，才能激发其他律师的狼性、斗志。

除了要硬扛以外，还要包容。每个人都有自己的缺点，有的律师自傲，有的律师固执，还有的律师孤僻，作为合伙人尤其要包容同事，要多看别人的优点，少看或对别人的缺点视而不见，只有这样，律师的同事关系才能和谐稳定。

四、专业、勤勉

专业是每一个律师据以笑傲江湖的基础，作为合伙人律师，要千万杜绝滥竽充数、捣糨糊的做法，更加要将行贿勾兑作为执业的耻辱与禁忌。要狠钻深研业务知识，成为某个或某些领域的专家型人才，只有这样，才能带领团队、带领全体律师树形象、拓案源、抢市场。

毫无疑问，律所的合伙人是律所先富起来的那批人，一定要克服小富即安的小资心理，团结和带领其他律师共同富裕，要永远保持勤勉务实的态度，在办案时如此，在律所公共事务上亦是如此。勤勉为律师个人带来口碑，为律所品牌带来加分。

现在一些大所的合伙人几乎不办案，天天混迹于酒桌牌局，或者端着代表或学者的帽子和牌子混迹名利场，这是不应该的，这种合伙人从业务能力上来看，其实已经基本被淘汰了，案件基本都是助理办的，更不用说勤勉的问题了。

大所和强所在发展过程中将合伙人引进与选拔作为队伍建设的重中之重，每一个合伙人必然都能够独当一面，必定可以独树一帜，必须做到独占鳌头。

家里有矿，还是要做律师

要不是因为穷，谁愿意当律师呢？这是圈子里流传的一个观点，看起来好像挺对，但我想说的是，家里是否有矿，跟选择律师职业是没有关联性的。可能有人会说，律师职业很累很苦，家庭富裕的人会选择更加舒适的工作，其实，人生就是一场修行，哪有工作不磨人。

但毫无疑问，家里没矿，律师职业刚开始入行会比较艰难。在实习期，你会发现法学院教给你的知识完全不够用，而与此同时，律所发给你的实习期的工资也完全不够用。千辛万苦拿到律师证以后，没有资源，不敢独立，看不到一丝职业前景，不少人半道而废，离开了法律服务行业。但是，这并不意味着，家里没矿，就一定做不出律师，相反，我见过太多行业励志故事，从草根律师到行业精英再到行业领袖，一步一步扎扎实实走来，稳健而自信。

除了物质收获以外，律师职业至少还会给我们带来以下五个方面的吸引力。

一、个案不重复带来的职业新鲜感

没有哪两个案件是完全一模一样的，在对个案的具体研究中，从事实梳理到选择法律适用，把每一个案件都当成一个艺术品来精雕细琢，尽管是日复一日的高强度工作，但是不会枯燥，没有乏味，一个业务办结以后又会迎来另一个新的未知的业务，就好比开盲盒。

二、法律更新换代频繁带来的职业尊崇感

法律、法规、司法解释、规章等出台和修订的速度太快了，律师职业一个月不读书就会感觉很恐慌，一个季度不读书就会感觉格格不入，半年不读书基本就可以被淘汰了，也正是因为我们自己不断地更新知识，不断地熟悉新科技、新信息，才让我们有更多底气去面对当事人和司法人员。在接待客户时的信手拈来和面对法官时的侃侃而谈过程中，充分体现了我们的价值。

三、没有年岁增长带来的职场淘汰忧虑感

与其他绝大多数职业不同，律师职业没有年龄限制，满60岁以后，只要身体允许，案源充足，仍然可以活跃在执业第一线。而且，律师职业太重视经验和资历，反倒过于年轻未必能做好律师。所以，随着年龄的增长，你的地位可能也在增长，你在行业内的影响力也在增长，就越有重大疑难复杂业务找上

门来。

四、努力付出以后获得的执业满足感

律师的执业满足感主要来源于三个方面，首先是通过不懈努力取得案件办理良好效果后，当事人真诚的感谢，这个时候心里真是比吃了蜜还甜，当然，我们更要做到，即便是案件办理效果不尽如人意，当事人也对律师的全力以赴表示感谢。其次是通过细致、专业的工作，帮助司法人员思考，避免出现冤假错案，获得司法人员的赞许和认可。这其实是非常重要的，我当法官时，尤其在办理新类型案件或者复杂疑难案件时，就特别重视律师的意见，也希望他们能够另辟蹊径提出解决问题的新思路。最后是社会给予的综合评价，或者说基本社会地位，律师也都是普通人，有虚荣心，同时，律师又并不普通，应该利用自己的专业知识承担更多的社会责任，所以很多律师积极参加各种志愿者活动，积极参选两代表一委员，到法学院为法科生讲授司法实务技能。律师通过各种公益活动，默默奉献，进而获得社会认可。

五、身体与灵魂都相对自由带来的惬意感

律师事务所没有明显的上下级关系，律师是某种程度上的自由职业者。和很多职业相比，律师比较自由，比较独立，通俗地说就是可以吃百家饭，即一个律师可以接受百家客户的委托。当然在一个律所，有一个体系，有合伙人和律师的体系安

排，但不管怎样，律师是相对比较独立的，律师可以因不满意合伙人或者律师事务所的做事方式而换到一个其他职业或者换到其他律所去。不像有的行业，大的企业就一两家，你想换都换不了。在业务开拓方面，律师和司法人员最大的不同就是可以挑选客户，律师可以拒绝提供服务，法官不能拒绝裁判。此外，除了紧张的工作以外，律师还可以时不时地给自己放假，或者利用出差的机会，到目标城市旅行，不误工作，不误年华。

所有的努力都是为了实现曾经吹过的牛

吹牛皮不用缴税,但不实现的话,侮辱性极强。

2016年年底,我跟委局领导汇报,打算辞职去做律师。彼时纪检监察体制改革方兴未艾,领导苦留,我心高气傲地回答,"如果我继续留在纪委,三年以后,也就是个副局长,而如果辞职下海,三年以后说不定已经成长为小有名气的律师,个人价值和社会价值都能够更好地实现"。

现在回头想想,真是不知者无畏,当年的勇气和傲气不知从何而来。

丰满的理想和骨感的现实

辞职后第一站,我就近选择在浙江某大所分所。当我真正走进律师行业时,才发现她那么陌生、那么冷漠、那么现实,法官和纪检干部的光环在离开平台以后黯然失色,甚至成为一个包袱。在柴米油盐的压力下,点线面全方位出击,逼迫自己去拓展案源,一个个客户拜访,一点点人脉积累,累到虚脱,回家看到刚出生不久的二宝，立马满血复活，再多的委屈与辛劳都一扫而空。懵懵懂懂过了实习期，居然收了50多个案件，创收七位数。惊喜之余，并未忘记总结，我认真梳理了全部案源和工作轨迹，忽然发现，我一直在重复低效的工作，案源相对单一且挖掘潜力有限，客户相对低端且优质客户增长乏力，业务能力提升缓慢且渠道狭窄……

迫在眉睫的转变和猝不及防的缘分

位于浙北的小城湖州，无疑是一座宜居城市，但是过于安逸的湖州，已经容纳不下我不安分的、狂热的内心，我向往一片更加广阔的天地，与此同时，我在律师执业期间，对律师行业有了更多、更新、更广的思考，期待对传统律师行业的运营模式进行颠覆式革命。一次偶然的机会，某市检察院的检察官告诉我，一群从法检辞职的小伙伴在杭州创办了一家律所，可以去考察下。一个阳光明媚的上午，我兴致勃勃地来到了正在装修中，还是一片狼藉的场地。等到与合伙人见面一交流，发现趣味相投，相见恨晚，当即决定自带投名状入伙，正式开启了我的杭州之旅。

尚在襁褓的现实和声名鹊起的律所

到杭州以后，我吹牛皮的毛病似乎已经"病入膏肓"，2018年，在律所公众号的第一篇文章上，我描绘了"百城百所"的宏伟蓝图，而彼时的律所还弱得让人不屑一顾，没钱没人没品牌，空有一腔热血。创业起步阶段总是异常艰辛的，有人扛不住压力，当然退伙；有人经不住诱惑，另投他处。但是，随着更多有情怀、有操守、有梦想律师的加入，律所也在不经意间成为杭州律师界的一匹黑马，我个人的业务量和影响力也有了显著提升，但无论如何，当年吹过的牛，一刻也忘不了。

上海，央法来了

要想实现百城百所的目标，从哪里出发很重要。一开始，上海其实并不是我们的首选，去北京一度成为终极目标。但是，在我们深入了解律师证转入北京的难度，以及几年来最高人民法院巡回法庭建设的情况，再加上从宏观上对中国经济发展态势与地域差异的分析，上海成了我们的不二选择。

2021年2月的一个晚上，我在新闻中读到国务院关于虹桥国际开放枢纽的国家战略，那一刻我几乎感觉幸福、激动到窒息，这不正是我们梦寐以求的契机吗。杭州到上海原本就只是40分钟高铁的距离，华东区域又是中国司法环境、律师执业环境相对较好的地方，我们原本已在华东区域有了较为坚实的基础，看起来像是二次创业，实则已经有了得天独厚的条件，上海总部和杭州分所可以实现无缝对接，相互扶持，而且可以便捷快速辐射长三角。

进驻虹桥国际开放枢纽，链接全球。"大虹桥"将以一次全方位、大手笔的升级，从深层次诠释其"大"，成为中国新发展格局中的一个重要支点，此时进驻虹桥占尽天时地利人和。

借鉴消化其他律所运营，革新模式。当前的运营模式介于传统和创新之间，我们引入了很多新的元素，打造了不少新的亮点，但是，总体上来说仍然是一个传统提成制律所。那么，在大所林立的上海法律服务市场，这种模式想瞬间大放异彩的可能性并不大，我们必须在体制机制上大刀阔斧改革。创新为魂原本就是律所社会主义核心价值观的重要内容。

无论如何，之前吹过的牛正在一点点、一步步实现，无惧艰辛，无愧人品，无悔人生。

服务上海、深度融入长三角、辐射全国，链接全球，央法才刚刚拉开帷幕。

在体制内，我最纠结每年的年终总结材料，小心翼翼地遵守着固定套路与格式，冗长而又言之无物。但自从我看了美国联邦法院大法官们的年终工作报告以后，我才发现原来工作总结也可以这么生动、风趣、随性。转入律师行业以后，我在想，没有了诸多禁制以后，我们能不能更加洒脱、纯粹，我们的总结报告能不能不那么客套、僵硬和自说自话。所以，我特意把央法2021年度我做的总结发出来，看看对大家是否有启发。

别人家的年度总结：
别犹豫，做我们的大宗梦

百世不迁之宗者，谓大宗也，央法所的最终目标就是要成就百年律师行。

2021，是深刻转折的一年

进驻虹桥

2021年2月的一个晚上，当我看到国务院决定设立虹桥国际开放枢纽的新闻时，我激动得差点跳了起来，这不就是我们一直在苦苦寻觅的、得天独厚的全国大所的起源地吗！第二天，我就跟其他合伙人说，我们要去虹桥，这是全中国最好的适合做律所总部的地方，而且我们马上就要开始启动全部工作。于是，小伙伴们先后二十余批次往返杭州、上海，最终完成律所收购，并确定绿谷作为办公场所。然后，就是紧锣密鼓的装修、更名、转隶属关系……8月1日正式开业典礼完成，这时回头看看，我们自己都惊叹，原来我们的小宇宙有那么强大！原来在关键时候，有那么多朋友那么真情、无私地关心我们！

扎根虹桥

法律服务尽管法律上没有地域限制，但是，实际上大部分常规案件定然是近水楼台先得月，当事人当然希望能随时见到自己的律师，所以，律师挪窝，需要极大的勇气，老客户大量流失，新客户开发困难，阵痛在所难免。为了能够快速在虹桥站稳脚跟，每一个合伙人都把自己变成了"陀螺"，一个个高速旋转的陀螺，使出浑身解数，不知疲倦。宏观上，加速各类资源整合，转化直接经济效益；微观上，一方面，特别重视与司法局、管委会、南虹桥公司、虹桥地产等的联系与合作；另一方面，全面融入在沪各地驻沪办、商会、校友会、新商业协会等团队，目前，我们是上海市湖南商会副会长单位、上海市洛阳商会副会长单位、上海市安徽商会理事单位……此外我们还有针对性地拜访了虹桥区域一些集团公司总部高层。在全体同人共同努力下，8～12月，全所共收案289件，其中民事案件199件、刑事案件18件、行政案件42件、非诉讼案件7件、执行案件11件、仲裁案件11件、破产案件1件，共新增法律顾问单位15家，其中上市公司、规上企业有8家，正在进一步谈判的上市公司有3家。在律师行业高度内卷、刑事业务大环境萎靡、疫情影响严重的背景下，应该说，这个成绩是极不容易的，可以这么说，我们用 5 个月的时间走完了别人几年的路，达到了别人几年都无法企及的高度，我为我们全体同事感到自豪。

2022，央法，你好

首先要告诉大家一个好消息，为更好地向全国推广品牌、铺设分所，经过区市部三级司法行政机关批准，律所已经正式更名为上海央法律师事务所，寓意为虹桥国际开放枢纽中央法务区第一所。

2021 年已经过去了，无论有多少挫折，取得了多少成绩都成了过眼云烟，2022 年，是央法的第一年，也是最关键的一年，直接决定了将来我们能走多远。2022 年，我们的工作和发展思路是：在厉行变革中，不断推陈出新，为央法百年律师行的梦想打下扎实的基础。具体的工作计划如下：

一是要大力引进优秀合伙人。合伙人强则所强，一定要不拘一格，面向上海市以及全国其他城市吸纳合伙人，对特别优秀的，要直接引进到执委会，参与律所管理。引进新鲜血液，就意味着新思维、新视角、新举措，这对于我们来说太重要了，要特别注意从"90 后""00 后"中挑选合伙人，放手让他们干，走最适合市场的路、走最切实际的路、走最有特色的路。

二是要强化业务团队建设。目前，央法在刑事辩护业务、刑事控告业务、建筑与房地产业务、知识产权业务、公司法律业务等领域已经有了成熟的、强大的团队，在这个基础上，我们要全面综合发展，要在投融资并购、不良资产、破产重整、家事、海事海商、网红、娱乐、涉外等领域组建精英队伍。要求进一步提高准入门槛，每一个央法律师都必须是精英，站出去都是一面旗帜，拉出去都能独当一面。

三是要健全内训机制。央法是有一家有 12 年历史的老所，但同时也是一个洋溢青春气息、充满年轻元素的新锐所。所里既有十余年审判执行、公诉、侦查工作经验的专家型律师，也有从学校毕业才三五年的年轻律师，除了在团队日常工作中的传帮带，还需要建立系统的知识和经验的分享机制。从 2022 年开始，我们要坚持每月两次的内训课，定在每周四晚上举行，年轻律师尤其要积极参加，要珍惜宝贵的学习机会，在其他律所是学习不到的，另外，在某些领域有造诣的同事也要积极备课主讲，这个既是你展现自己的机会，也是一个强化学习的过程，你一定会受益匪浅。这个和我们与权典所合作的虹桥法律沙龙的活动是两条平行线，内训是对内不对外的，虹桥法律沙龙是对外的，线上线下都欢迎外界参与。

四是要加快分所铺设。规模化与品牌化是法律服务行业不可逆的两个趋势，中小所的生存空间只会越来越小，压力只会越来越大。我们要充分发挥央法在虹桥国际开放枢纽的区位优势、交通优势、品牌优势，成熟一个，铺设一个，在全国地市以上的城市建立分所。2022 年，我们定个小目标，5 家分所。分所建成以后，要进一步加快资源整合对接，形成发展合力，激发发展新动力,共同进步。

五是要在规范化律师事务所、优秀律师事务所、破产管理人等荣誉和资质上有大突破。要想弯道超车,荣誉、资质就是必要条件。2022年,我们一定要在不断强化自身建设的情况下,积极向司法局、律协等单位争取资源,为跨越式发展奠定基础。

六是要花大力气做好央法品宣。成就百年大宗绝不能仅仅停留在口号上,必须配备一个成熟的品宣系统。我们对品宣投入始终都是优先的、大气的,品宣体现在每一个细节中,无论是文书格式、宣传手册、网站、公众号等全部进行了系统升级。在行政管理方面,我们要尝试将大型公司的运行理念和模式移植到律所,让我们的运营有质的提升。

对于央法律师而言,每一个人都是宣传员,每一个人都是主角,要通过自己的言行举止去带动周边的人走进央法,信赖央法。对律所层面而言,拥抱科技,主动融入新媒体,切入新平台,是律所发展的必经之路。对品宣工作,我个人向来是要人给人,要钱给钱,绝不打欠条。接下来,总分所都会继续加大品宣投入,期待央法能登台即巅峰。我们也始终坚信,未来法律服务行业的竞争一定是律所品牌的比拼,谁在品牌建设方面投入大,谁就能笑到最后。

七是要扎实推进央法名律工程。央法是一个有十余年历史的老所,是一个拥有一大批资深律师的强所,打造明星律师,我们欠缺的只是一个契机。所以,我们时刻要有敏锐的嗅觉,把握机遇，把在各个领域潜心钻研业务，情怀素养扎实的优秀律师推出去。要知道，律所和律师从来都是相辅相成、互相成就的，优秀的律所一定会汇聚优秀的律师，而优秀的律师一定会选择卓越的律所。

同时，借今天的总结会，我也想跟大家提五点希望。

一是希望大家把律师职业当成事业对待。律师职业绝不仅仅只是养家糊口的工具，而应当是一个无比荣耀、无限可能的事业。这样的认知才能真正让我们执着于专业，坚守职业底线，克服职业倦怠。要给自己制定长中短期各类小目标，为了实现一个个小目标，制订各类工作计划，严格要求自己不断推进各类计划。律师职业是先苦后甜，苦中带甜，苦尽甜来的职业，一定要对职业前景和国家法治建设充满信心。

二是希望大家敏锐抓住潮流，把握影响法律行业的每一个小趋势。央法的每一个人都要成为法律服务行业的偏执者，面对瞬息万变的复杂局面，唯有偏执于法律服务的更新迭代，才能成为知名律师，成就百年大宗。任何行业都可以通过供给和需求两端不断地思考和创新，要特别关注新兴行业，真正融入行业中去，成为一名行业律师，寻找新的需求可能性，迅速占领制高点，从技术层面完成迭代。这是律师行业的新人真正能够反杀资深老律师的秘密通道。

三是希望大家把更多的时间和精力花在钻研业务上。有人说，律师行业案源为王。我不这样认为，业务才是王道，没有扎实的业务功底，靠忽悠是不能长久的，形成不了稳定的业务来源，更打造不了牢靠的个人形象。我常说一句话，年轻律师，有案件办案件，没案件就读书写作，磨刀不误砍柴工。想左右天下的人，先左右自己，严格要求自己，最终才能成就大的事业。

四是希望大家把更多的热情贡献给律所的公共事业。律所的发展，离不开每一个人的无私奉献，积少成多，无论是积极参加会务接待工作，还是协助综合岗位工作人员完成各类迎检工作，哪怕是帮前台姑娘换一桶桶装水，都是对律所的奉献。我希望大家真正有主人翁意识，真正融入央法的大家庭中来。

五是希望大家严守执业纪律，保护好自己。法律服务行业正面临成立以来最大的变革，竞争前所未有的激烈。君子爱财，取之有道，规规矩矩执业，睡觉才香，吃饭才有味，反之，总有一天会为自己的错误行径付出惨痛的代价。在这里，我也再跟大家明确表态，凡是涉及当事人恶意投诉，无理取闹，或者技术原因被投诉举报的，律所一定会想方设法为大家降低影响，保护大家的合法权益；凡是涉及私自收费，顶风违法违规的，律所一定不会助长这种坏风气、坏毛病。

最后，我想借用苏格拉底的名言来结束我的发言，世上最快乐的事，莫过于为理想而奋斗，让我们全体央法人成为快乐的奋斗者。

办律所应当坚持的五大策略

我时常说,办律所和做律师是完全不同的两码事,你可能是一个很优秀的律师,但是,很有可能是一个蹩脚的律所管理者;你很可能是一个十分优秀的律所管理者,但是不一定能办理好律师业务。中大型律所的运营对律所管理者的要求是复合型的,只有那些社会资源丰富、协调能力强、充满耐心、善于做思想工作的人才能将一家律所管理得井井有条。而如果想快速超越发展,打造知名律所品牌,则还要坚持五大策略。

一、饼大好充饥

如果没有点情怀,只是为了赚钱,那完全没有必要办律所,随便加入一个大所,心无旁骛办自己的业务,无须担心房租、人才引进、合伙人关系协调、税收筹划、监督检查……不香吗?所以,在办律所之前,我们每一个人都要问问自己,有没有更高层次的追求,究竟为什么要成立自己的律所?没有伟大理想的律所是没有灵魂的,很多人说,我们就几个人在一起办个律所，我们也不要规模，不要品牌，单纯做点业务就好，这种想法是比较天真的，当某一天他们被远远地甩到后面，承接不到规上企业的高端案件，个案收费始终无法突破，案源不断萎缩时，他们才会懊悔当初的决定，本质上来说，这是一个认知鸿沟。我们一开始设定央法的战略就是"百城百所，百年大宗"，这个目标十分宏大，绝非一蹴而就能实现，但是，也正是这个战略没有天花板，奋斗才没有止境，所有合伙人永远可以保持拼搏、前进的状态，不容一丝懈怠。如果一开始设定的目标很小，合伙人稍微努力下就实现了，甚至唾手可得，饼太小了，那么，合伙人会很容易满足，不知进取。

二、人多好办事

律所的发展关键在于人才，在于吸引最优秀的律师加盟。衡量一家律所强弱，不是看有多少分所，获得了什么荣誉，根本上来说，就是看人才储备，只有足够多的优秀的律师，才能在存量资源的整合，增量资源的开拓上取得胜利。当然，规模化不是简单地比数量，看谁人多，搞人海战术，这种策略是资本所青睐的，通过投资律所赚律师的钱。央法也提规模化，百城百所是一个宏观的总体目标，并不是我们真的要在全国100个城市成立100家央法分所，央法的规模化是适度规模化，不是一个粗糙的良莠不齐的规模化，而是一个精致的精兵强将型的规模化，我们要求分所必须本土化，必须在当地有一支富有战斗力的合伙人团队。事实上，我们一直坚持宁缺毋滥的态度来发展分所。适度规模化绝不是裹足不前，绝不是封闭排斥，如果长时间无法吸引优秀的人才，规模一直上不来，那一定是合伙人自身出了问题，不够积极、包容、开放、正能量，我们会考虑关停分所，换一波更加优秀的合伙人。无论如何，作为律所管理者，最核心的工作就是挖人，挖优秀的人，律所发展过程中遇到的90%的难题都可以通过引进优秀的律师来解决，其余10%的难题则主要靠合伙人个人的资源来解决。实际上，我们成立初期的发展也是粗线条的，但是律所一直都很健康，根本原因是就是人才聚集的速度很快。曾经有一个女律师休完产假后来律所上班第一天，她在微信朋友圈发了一条感慨，"休个产假，半个律所的人都不认识了"。

三、业精好出道

明星出圈、律师出道，本质上是一样的，自己得足够优秀，能够让人眼前豁然一亮。律师成名的重要路径就是授课，在自己律所内部讲，走出律所到高校、企业、机关等单位讲，到田间地头、乡镇街道社区去讲，把你的思想、经验、技术、认知活灵活现地展示给大家，让公众感受你的专业、敬业、睿智、胆识。我一直都有一个梦想，哪一天我们央法要有自己的培训基地，依山傍水，清幽如画，不仅我们央法自己的同事们可以聚在一起唇枪舌剑，自由开放的交流表达，而且我们还可以选派最优秀的同事为全国的同行传道授业解惑，我们在不断地学习进步的同时，要争取做律师的老师。

四、书多好出价

一家律师事务所为什么强，你的律师为什么优秀，找你为什么要花高价钱，有一个重要的考评维度，那就是出版专著的情况。一个律所的学术氛围特别重要，要跟各大法学院校建立战略伙伴合作关系，律师进法学院参加论文答辩、课题研究、授课等活动，律所内部更是要从制度层面鼓励学术研究成果转化，对在中央省市区不同层级媒体刊物上的论文给予不同幅度的物质和精神奖励，对出版专著的给予特殊奖励，这原本就是律所品牌建设的必由之路，律所出钱出力自然也是应该的。我们要制作出版计划，让我们每一位资深律师把有书可送当成一个最重要的名片。出书是一件名利双收的事，没有顽强的毅力和深厚的专业功底，出一本专著是很难完成的。但是，出书以后，无论是在同行间的口碑，还是面对当事人时的优势竞争力，这个都是其他人无法比拟的，可能其他律师开价 10 万元，当事人犹豫不决，而你出价 20 万元，当事人毅然决然选择你，一个外化的、正向的、明确的专业形象，一定会为你的执业带来巨大的便利。

五、情暖好安家

引进人才后，还需要千方百计留住人才。让我们所有的律师及行政人员有一种归属感、获得感、成就感、幸福感，关键在于律所的文化建设。文化建设有几个重要维度，一是律所视觉识别设计，要有统一的文书模板，包括在笔、纸、水杯、信封、雨伞、衣服、领带、徽章、手提袋等，甚至我们还联系了遵义一家老牌酒坊，定制了央法陈酿，尽最大努力让央法 VI 融入律师生活工作的方方面面。二是高效、便捷的行政后勤服务体系。行政无差别为律师服务，不因是合伙人就有不同待遇，更不能人为地制造障碍，针对特殊事项，分管合伙人要第一时间响应，特事特办。三是要把党建工作作为凝聚向心力的重要载体，党建、队建团建一起做，形成积极向上，团结拼搏的良好文化氛围。

每家律所都不同，都有自己的特色，但是，真正的强所、大所，成长路径都殊途同归。仍然需要特别强调的是，做律师与做律所完全是两码事，需要两种很不一样的能力。好律师不少，好的律所领导人和管理者不多。大学里一个优秀的教授去当校长可能会搞得一团糟，医院里一个优秀的医生去当院长可能是医院发展进程中的噩梦，一个优秀的律师可能是一个糟糕的律所主任。从某种程度上说，大所的律师真的要好好感谢律所的管理团队。

第三章

LAWYER

优秀的律师一定是高级营销专家

MARKETING EXPERT

第三章　优秀的律师一定是高级营销专家

酒香也怕巷子深，律师再优秀，也得让人知道。

营销似乎是个贬义词，很多人反感营销，一谈到营销，就会认为这个东西一定很低级、很无趣、很没面子。

其实，营销一点儿也不出丑，我们每一个人都需要营销。律师也不例外，需要抛头露面，可以展示才华形象的时候，绝不能畏缩不前，不仅如此，我们还要学会制造展现自己的契机。

律师营销是个技术活。拿个大喇叭在街上循环播放，我是全国知名的大律师，专打疑难杂症，无往不胜，这样肯定不行，适得其反。律师营销，最佳的状态是，当事人明明知道你在推销自己，但是看了后、听了后感觉很舒适、很惬意。所以，简单粗暴型的自吹自擂，或者一味无休止地给自己添加各种金字头衔的都不可取。

20世纪80年代，形容一个人能干，用"吹拉弹唱、样样在行"来表达，那个年代说一个人一身的本事，就是会装电灯，会开拖拉机，还会给报纸写文章，那么这样的人找对象肯定很抢手。现如今，衡量一个律师优秀，我认为可以用"说道写做，样样精通"来概括。说，指的是这个律师不仅音色好，而且表达能力强，抑扬顿挫，掷地有声；道，指的是这个律师总是能够透过现象看本质，一针见血，抓住要害，轻易就把对方的观点给驳斥了；写，指的是这个律师不仅善于表达，临场应变能力强,而且能够快速高效地把观点提炼成文字,洋洋洒洒,鞭辟入里;做,指的是这个律师执行能力强,能够协调各方面的资源,穷尽全部途径实现当事人设定的目标。

律师营销也是个细致活。名片设计、穿着打扮、微信头像、微信名称、朋友圈内容、日常谈吐,时时处处样样都是学问。很有可能,当事人会因为你某一个小地方做得不到位,就对你进行了全盘否定,你就丧失了一个极好的交易机会,所以,优秀的律师一定是一个特别注重细节的人。我们以前在法院,很可能穿制服配跑步鞋,为什么?因为法官很忙,经常跑这跑那,上下楼梯,穿皮鞋磨脚且不安全,穿跑鞋轻松。做律师以后,我更加忙,有时一天要跑三个省份,西装革履再配皮鞋,脚确实很受伤,有一次我出差穿了跑鞋,后来,有个同行提醒我说,再苦再累也不能穿跑鞋,一定要穿皮鞋,而且皮鞋一定要擦得发光,因为穿跑鞋显得你就是个跑路的,不修边幅,咖位低,给当事人一个极不好的印象。所有的当事人都希望自己的律师最起码外表要体面稳重。

律师营销也是个规矩活。有的人为了快速出圈,违反律师法的规定,或是给自己虚构头衔,或是做虚假业绩宣传,或是对当事人做不切实际的承诺。这样的行为模式,可能在一时一地一案获得了一定的物质回报,可是埋下的执业风险也随时会引爆,而且,对优质客户,尤其是机关、事业单位、规上企业,只会有副作用。所以,律师营销要守规矩。

律师营销还要有度。我前面谈过,律师要时时处处事事都牢记自己的身份，适时展现自己的专业和特长，但是，并不是要你时刻紧绷营销的弦，你的朋友圈永远都是专业和业务推广，你联系朋友永远都只有一件事，那就是帮忙介绍案源。律师不应该是这样一个机械刻板、自私自利、不通人情的角色，相反，应该是一个有血有肉，感情丰富，情商满满的角色，优秀的律师再忙，也要有高质量的业余生活，也必须拥有专属的亲子时光。

所以，不要为了营销而营销，律师营销，应该有温度、有感情、有限度。

不会写文章的律师不是好律师

善于思考，勤于作文是优秀律师区别于寻常律师的重要标志。

会写，让自己脱颖而出

央法正处在飞速上升期，需要大量的优秀律师加入。有人跟我说，律所到底要做大还是做强，这是两条平行线。我说，不，强和大是交织在一起的一头，大了也就强了，强了自然能做大。但是，有一点必须要牢牢把握，进人的门槛要抬高，对客户而言，央法最大的优势应该就在于律师个人的综合素质经得起考究。我们跟摊位制律师在人才引进把握上是完全不同的，摊位制律所只要交钱，什么人都可以进来，我们把创收和道德放在同等重要的地位，实际上，几年下来，我们主动劝退了部分律师。

在高级合伙人层面，我们仍然把"在全国法院学术讨论会上获得过三等以上奖项"作为一个优先条件。

那为什么在一个学术讨论会上获个奖，就可以适当降低其他条件，直接晋级高伙？因为，我曾在法院工作多年，知道这个学术讨论会的含金量有多高。全国法院学术讨论会已经举办了三十多届，文章的质量相当高，能够获奖的作者（法官）一定是善于思考和总结，巧于编辑和运用的行家，一定经过了相对系统的高等教育，且学术训练和经验丰富。

相反，没有经过系统规范训练的人，连标点符号都用不好，连文章标题都取不好，连文章层级都分不清，他又能写出什么样的律师文书呢？

能够在全国法院学术讨论会上获奖的人出来做律师，已经成功了一半，十分残忍地把相当一部分律师远远地甩出了几条大街。

会写，让交流简单纯粹

有一次，我去苏州相城区法院开庭，庭审结束后，我签完笔录准备离开，主审法官突然煞有介事地跟我说，"刘律师，前两天我刚读过你一篇文章"。幸福来得太突然，有时拐弯抹角刻意去找寻的亲近感，一篇文章就轻松擒获，得来全不费功夫，而且纯粹又自在。

有一次我陪当事人约见了某中院二审承办法官，递交了一份详细的二审代理意见，有纯粹法理分析，也有司法实践探究，还有大量案例汇编。在交谈过程中，主审法官不止一次向我的当事人表示，你们请的律师够专业够认真，请得好。天地良心，我跟这个主审法官也是第一次见面，我也请不起这么高档的托儿。

会写，让惊喜接踵而至

有一次，参加杭州地区中南政法的一个小规模校友聚餐，说来惭愧，杭州地区的校友活动我参加得并不多，一桌子的校友就认识一两个。但是，特别有趣的是，当其中一位校友介绍我的时候，提到我在纪委工作时，曾连续撰写系列关于纪检和监察体制改革的文章，立马有几位校友站起来了，说，哦，原来你就是刘彦啊，我可是读过你不少文章……几篇豆腐块胜过一打虚头衔！

所里一个年轻律师曾跟我说，"我上个月刚在央法发了一篇文章，出乎意料的是，没几天，就有客户主动联系，把一个类似业务委托过来了，而且不讨价还价，干净利落"。书中自有黄金屋，如果暂时还没有看到效果，那么，一定是你坚持得还不够久，你的文章质量还不够高，你个人的修养还不够强。

我刚出来做律师那会儿，也为案源发愁。有一天晚上，我正在给孩子泡奶粉，突然接到衢州的电话，接通后一番详谈，才知道原来他儿子因涉嫌非法吸收公众存款案一审被判处有期徒刑七年，因为他自己经常看我的文章，于是主动联系我代理该案二审。幸福来得就是这么突然。

会写，让生活丰富多彩

很多人一提到律师，就会自然形成一个印象，超级能喝酒，相当会忽悠。一些律师的确也把酒局饭局作为第一营销渠道，一到周末或者晚上，四处组局吃饭，忙得不亦乐乎。

毫无疑问，这种策略也许能够拓展案源，但是，这个成本和代价就太惨烈了，喝坏了身体不说，最坏的是把陪伴家人的时间磨耗掉了，而且酒局饭局争取过来的案源，客户大多被各种所谓的关系、暗箱操作等吸引过来，弄不好，会出大问题。

读书、思考、写作、锻炼、陪伴，应该是我们生活的主要内容，通过写作获得的案源远比酒局来得高端、牢靠、安全。所以，我个人拓展案源主要靠业绩、靠实力，当然我也喝酒，但是会尽量减少无用的社交，这样就省下了时间可以做更多更有意义的事了。

调整了心态，理清了思路，持之以恒，接下来就是静待花开了，读书写作让我们会更加睿智，沉淀让我们更加强大。

抓住影响法律服务行业发展的小趋势

2023年有一个很热的话题，ChatGPT，这是人工智能技术驱动的自然语言处理工具，它能够通过学习和理解人类的语言来进行对话，还能根据聊天的上下文进行互动，真正像人类一样来聊天交流，甚至能完成撰写邮件、视频脚本、文案、翻译、代码、论文等任务。那么，这个是否会冲击法律服务行业，甚至有人提出来律师职业是否还有存在的必要的问题。

前几年我办了一个抢劫案，检察院以数额巨大提起公诉，但是又没有提供被害人随身携带款物的证据，我一个重要的辩点就是，便捷的移动支付环境下，被害人随身携带巨额现金的可能性极小，最终法院采纳了我的意见。科技改变生活，改变犯罪方式，一些旧的犯罪手段和行为甚至会慢慢消亡，科技也将深刻影响法律服务业。

我们要关注各种"小趋势"，那些来自其他领域的，平时观测不到的，但是确实会导致变化的因素，就是小趋势。中国的法律服务市场正在受各种小趋势、小因素的影响，历经风云巨变。专业化与规模化并行、创收二八定律在大小律所与律师之间固化、新领域呼唤新服务与传统领域萎缩、精致服务对粗线条办案的冲击、人工智能对传统刀耕火种式代理的挑战、落后法律服务理念与个性化高端法律服务需求的脱节……

律所发展，就是要感知小趋势、迎接小趋势、抓住小趋势，在这个过程中实现强大。

聚拢人才

没有优秀的人才，平台再大、品牌再响，迟早得没落。央法在人才引进方面可谓是不遗余力，合伙人基本都是曾在法院、检察院、纪委业务岗位上工作满七年的复合型人才，而且央法以极为宽广的胸怀在不停地网罗精英，吸纳在各个领域有造诣的专业律师。前段时间，我们遇到一个特别优秀的外所律师，给他的条件是尽管到央法来，主任、执行主任随他挑。央法所没有领导，主任和执行主任更多的是责任、压力、义务，是要凝聚大家干事创业的核心，越优秀越好！

力行培训

学无止境，无论你之前在法院干了多少年的民事审判，还是在检察院当了多少年的公诉人，一踏入律师行业，立马就有本能恐慌。所以，我们创办了央法论坛，在法律服务领域，我们有针对性的对一个个专题来做培训，既邀请行业内领军律师来传道授业，也邀请现任法官检察官纪检干部和学者来授课，而且绝不局限于法律实务。我们实打实地做好央法论坛，央法论坛是平台、是品牌、是学校，还是比武场。

拥抱科技

人才是律所最宝贵的资源，是一家大所、强所区别于其他律所的根本标志。有了足够优秀的人才，你才能灵敏地嗅到法律服务业的新气息。区块链、人工智能、物联网、芯片技术等，我们搞法律实务的要不要了解呢？当然要，而且必要！每一个新领域对法律服务行业而言，都是黄金富矿，新事物往往都颇受资本大佬青睐，而法律的滞后性、空白性决定了新事物产生以后，会面临一个无所适从的尴尬境地。如果我们能提前判断，加快研究，很快就能占领新事物的高端市场。什么是虚拟货币？有没有财产属性？是否属于合法资产？可能涉嫌的刑事案件罪名有哪些？可能引发的民商纠纷的案由有哪些？与虚拟货币有关的涉外业务应该如何切入？再来看 P2P，在大规模爆雷前，或者在互联网金融狂热爆发前，有多少人去研究其背后可能的法律服务需求种类？短短的一两年时间，整个行业就经历了爆发、狂热、协同和成熟等阶段，每一个阶段都有不同的服务重点，都可以研发不同产品适应市场需求。

盯紧政策

新政策与新法律的实施，哪怕再小，在法律服务市场都会掀起惊涛骇浪。2023 年修订的《公司法》，与 2018 年版《公司法》相比删除 16 个条文，新增和修改 228 个条文，其中实质性修改 112 条。诸如增设有限公司股东认缴出资最长期限，将股东出资加速到期常态化；扩大有限公司股东知情权范围，增加股份公司股东的复制权及特定股东查账权，完善股东知情权制度等，都客观上直接改变律师的办案思路和策略。在竞争日益激烈的法律服务市场，机遇只会垂青勤奋的、会思考的律师。只有这些人，才能敏锐地感知小趋势，认真的迎接小趋势，狠稳地抓住小趋势。

走向专业

专业化是不可逆转的潮流，社会分工越来越细，法律服务领域越来越宽，央法立所之初就高度重视专业化建设，分设了政府与监察、刑事业务、建筑房地产、互联网法律、家族财富管理、影视娱乐、知识产权、执行业务、重大复杂疑难案件中心等专业部门，力争提供最专业、精准的服务。当然，专业化的同时，我们也强调央法的律师要成为独当一面的复合型人才，真正的专业化一定是建立在对整个法律体系了如指掌的基础之上的。

筑基质量

律所向外界提供服务，就自然涉及质量问题。央法的每一个部门、每一个团队都有司法实务工作经验十分丰富的律师负责，我们对于年轻律师是不允许单独接案、单独洽谈业务的。

因为社会阅历、执业经历不够，极可能作出错误的分析研判，导致当事人过高的期许与最终的纷争。央法律师之间是团结合作的关系，每一个律师都有自己的业务特长与短板，我们建立了相对合理的利益分配机制，扬己之长、避己之短，充分发挥每一个律师的特长，不至于让一个对某领域完全陌生的律师，硬着头皮现学现卖办案。我们还专门成立了重大疑难案件研究中心，本所执业律师申请后，即可提交到中心，全部成员义务为其提供案件诊断。

央法很年轻，像一个呱呱坠地的婴儿；央法又老到，受体制内丰富办案经验的沉淀、严肃办案风格的熏陶，让精准预判与扎实代理更加可能。

小趋势，大方向，变与革将成为主基调，及时转变、彻底革除将是央法在竞技场上攻守自如的根本。

资新律师更要感激执业生涯初期的小案子

资新律师是个新名词，专指那些从法检两院辞职下海加入律所的同人，一方面，这些人常年在检察、审判岗位，对司法权运行模式了如指掌，对案件的走势预测精准到位，基本都在30出头的年纪，有经验有资历有技能；另一方面，在律师行业，他们仍是新人，尽管从一定角度来说，诉讼律师是围绕法检两院转的，但是律师执业技能与法官、检察官还是有一定的区别，资新律师同样也面临转型、学习。

与很多从司法机关辞职的小伙伴一样，刚下海那会儿，我也很浮躁、很心急，还很骄傲。心里老想着马上搞几个大案子，最好能制造出轰动效果，一炮而红，但是，现实总是很苦楚，无论你曾经在法检两院办过多大的案件，下海后，遇到的更多的还是小案件（标的小）。案件虽小，法律关系确并不简单，甚至错综复杂，诉讼策略选择失当有可能会导致自己陷入被动局面，法官不认可，当事人不买账。

我举一个例子能更好的说明这个问题。

赵某与施某父子系常年好友，某日，施某找到赵某要求借钱应急用，赵某迫于多年好友关系，借给施某 5 万元，但赵某没有带现金，于是施某要求在施某儿子商店的 POS 机上刷卡，赵某刷卡后，施某向其出具了借条。

看似简单的民间借贷案件，但却并不容易处理。赵某跟律师提了一个要求，必须把施某父子作为共同被告起诉，因为施某年纪大了，起诉他没有多大意义，而与此同时，施某父子早已因大量诉讼，躲避在外，无法联系。这样，问题就来了：一方面，公告送达，缺席判决对证据的要求要高于一般情形；另一方面，大家都知道民间借贷纠纷案件，仅凭一张借据就想胜诉并不是那么简单的，债权人应当对借贷金额、期限、利率以及款项的交付等借贷合意、借贷事实的发生承担证明责任。施某向赵某出具了借条，但是，赵某又如何证明实际交付了该笔款项呢？赵某确实在施某儿子的 POS 机上刷卡了，但是如何证明该笔款项就是向施某交付借款而不是在施某儿子商店消费呢？

这个案件最后是做工作，要求赵某主动撤诉结案的。惨痛的代价！标的这么小的案件，即便是最终胜诉了，对律师而言，能把车马费赚回来就已经很不错了。但是，这样的结局不仅当事人不满意，律师自己也很不满意！痛定思痛，我自己总结了诉讼策略中的失误：过度服从当事人的"任性"，当事人要求把施某父子作为共同被告起诉，我在明知在即便收集了所有能够证明案件本来事实的情况下，胜诉难度仍然不小的情况下，没有果断拒绝。再发掘下最根本的原因：刚出体制，认为自己超牛，急于展现自己，急于取得成功。

到今天，我早已经走出了案源的困境与刚出道的"冲动"，对类似的案件根本就不会收了。但，每当我想到这个小案件，我都会黯然伤神，扪心自问自己的过失与盲目自信。也自从这个案件以后，我对固执己见，一定要求律师服从他的命令，不管不顾法律与风险的当事人，除非他签下风险告知书，否则，一律不接。这就是律师与法官一个重大区别，法官对案件只能"逆来顺受"，而律师是可以选择案源、选择当事人的！

小案子很折磨人，也很锻炼人，标的虽小，案情却相当复杂，胜诉难度相当大。资新律师在法检两院大多属挑大梁的主力角色，办惯了大案要案，突然换了个角色，办一些"小案碎案"，觉得应该是牛刀小试，一蹴而就的事，殊不知，案件无论大小，都得用"牛刀"，小案件有可能花的心思、精力、代价更多、更大。你唯一应该做的就是，加速成长，找准定位，抛弃小案，但无论如何，职业生涯中的那些小案仍然是你成长过程中最好的老师。

小案子办好了，大案子也就水到渠成了。

别，您的案件我接不了

律师的晋级之路，就是一个不断淘汰和筛选客户的过程。

律师和法检职业最大的区别在于，律师可以主动挑选客户，而法官、检察官则只能被动接受，不能拒绝。但是，律师在什么阶段可以挑剔，应该以什么样的标准去做筛选，又应该以什么样的方式去拒绝，确实是门大学问。

舒心执业，拒绝窝心

1. 收费过低的不接。也许有人会批评，律师就是一切向钱看，只为有钱人服务。站在道德的制高点对他人颐指气使，是件再容易不过的事了。一个律所的合伙人，时间和选择都不再单纯的属于他自己，合伙人一般都带有团队，有助理需要发工资，自己的开销明显比一般执业律师要高，更重要的是，从律所层面，他必须保证较高的创收，以维系律所的正常运营，而每个人的时间、精力都是有限的，如果低价揽案，就意味着会失去其他更加优质案件的代理机会。更要注意的是，同样一批案件，收费高的，律师自然会更加用心，精雕细琢，收费低的，一般点到即可，从这个角度来说，低收费对律师自己和委托人都是不负责任的。

2. 态度过差的不接。有的当事人对律师缺乏最基本的尊重，总认为，自己给了钱，律师就得无条件按照他的要求提供服务，言语生硬、粗俗，一天能打几十个电话，甚至半夜微信、电话不断。按照他们的逻辑，律师就是万能的，只要是问题，律师都得迅速解决，否则就是律师失职，律师费就花得冤枉。

所以，对诉讼律师来说，单个开拓个人客户并不是一个理想的模式，无论刑民，企业客户永远是重中之重，谁都希望自己的当事人通情达理、规范文明。当然，我丝毫没有要鄙视文化程度低、经济条件差的人，他们有自己的行为模式和认知理念，我无权作出优劣评判，国家也已经建立了非常完善的法律援助制度保障他们的利益。律师当然也要履行社会责任，承办法援案件就是突出表现，无论当事人是什么类型，都应严格按照法律规定办理好。

规范执业，水到渠成

萌新律师大抵没有选择客户的权利。在温饱问题还没有完全解决的情况下，再挑三拣四，很可能会被潮流淘汰，更加重要的是，萌新律师太需要在司法实践中提高自己的业务技能。但是，即便再难，一定要牢固树立风险意识，防范执业陷阱。

我认为以下三点必须做好。

1. 详细的台账记录。从第一次接待当事人起，就要事无巨细做好记录，每一次接待都尽量选在律所，每一次接待都要制作接待笔录，并且要求其签字确认。每一次与公检法或者其他主体沟通协调都要详细登记，一旦出现纠纷，这些都将是司法行政机关及律协处理的重要根据。

2. 良好的执业态度。当事人对律师的选择，也是一个综合考量的过程，律师的执业技能、服务态度、人品等都是重要因素，很多当事人对律师倾注了太多的信任，所以，不是到忍无可忍，千万不要跟自己的当事人发生冲突，耐心细致地解答，勤勉务实地操作，是律师的基本素养。当然，委托结束以后，基于委托过程中的深入了解，互删微信，互不往来都是正常的。

3. 果断的直接拒绝。律师执业几乎处处时时都有风险，当事人极有可能在委托过程中提出各种不符合执业规范的要求，如果一味地迎合，极有可能把律师自己都送进监狱。年轻律师一开始执业就要学会拒绝，学会拒绝才能走得更远、更稳，否则，翻船只是时间问题。千万不要因为担心案源丢失而无原则妥协，当事人的欲望也是没有止境的，尝到了第一次律师违规执业的甜头，他们还会提出更多、更恶劣的要求。

善意提醒，委婉回绝

不接受委托的理由很多，总结起来主要有以下情形。

1. 专业不熟。法律服务行业原本分工便越来越细，请一个刑辩律师去做知识产权业务，确实是强人所难，所以，在大多数情况下，都可以以不熟悉该领域业务为由拒绝。

2. 档期冲突。律师最宝贵的就是时间，优秀的律师一定是时间管理大师。对不愿接的案件，以档期冲突为由拒绝的确是无可厚非的。

3. 回避需要。有的案件，当事人找上门来，不是因为你执业水平高、执业态度好，而是看中你在当地司法机关的人脉资源。这样的案件，一接受委托可能就是埋下了一个随时都可能会引爆的雷。要援引《法官法》《检察官法》等法律规定，明确拒绝当事人。

总之，每一个律师都应该形成自己独特的办案理念和风格，从萌新到资深，就是打怪升级，筛选客户，每一个律师都是奥特曼。

亲属的案件接不接

这也是一个绕不开的话题，到底要不要接亲属的案件，接的话应该如何收费，不接的话又该如何拒绝。不收费，律所无法审批，收费，即便是胜诉了，他们也可能对外宣称这个是收钱办事，理所应当，万一败诉了，那很可能一不留神"臭名远扬"。原则上，我不接亲属的法律业务，无论标的大小，因为我担心他们对司法的隔阂、偏见、愤懑会转接到自己身上，而这是我一个普通律师无法承受之重。我不想、不愿因为接了他们一个案件，影响我在全族、全村的形象。执业这么些年，唯一办过一个亲属的案件，而且估计在他看来是办砸了的。

表哥和我是同龄人，不同的是，他初中毕业后便去了部队，从义务兵到志愿兵，足足12年，然后脱下军装，自主择业，先是在遵义干了3年工地小包工头，后来去了长沙做一家水管的总经销。原想，在部队憋坏了，出来后得大干一场，轰轰烈烈，但社会不比军营，尔虞我诈，步步是坑，两次创业引出两场诉讼。

第三章　优秀的律师一定是高级营销专家

表哥在珠海香洲法院的案子是我亲自代理的，没办法，表哥说他在困难时期，作为兄弟帮他义不容辞，于是自己垫钱在所里立案开公函，帮忙支付财产保全的保险费，全部的差旅等办案成本均自己承担……当然，这个都是小事，只要能帮表哥解决问题，所有的付出都是不值一提的。一场诉讼下来，大概接了表哥百八十个电话，我大致统计了一下表哥抱怨最多、疑问最大的10个问题：（1）进了法院，每走一步都得缴费，法院怎么还收这么多费用，穷人还怎么打官司？（2）法院立案怎么这么慢？（3）什么时候下判决啊，我实在受不了了，是不是我没去送礼，他们故意拖延？（4）对方上诉了，又不交诉讼费，中间又耽误了几个月，法院对这样的情况不能惩治吗？（5）这都2年了还没结果，法院执行怎么这么慢？（6）法官的电话为什么总是打不通？（7）明明是对方欠我钱，为什么法官的态度这么恶劣，反倒变成是我无理取闹了？（8）法院对无赖怎么这么无可奈何，没有一点手段吗，法院也太没用了吧？（9）明明对方有钱，为什么要中止执行，判决不就成了一张废纸了吗？（10）到底有没有人可以监督法官，我到哪儿去讲理？

面对表哥的疑问，刚开始，我还抽丝剥茧，耐心解释。后来，我一看来电显示是表哥，疲惫感、无奈感油然而生。

其实，表哥的疑惑，也正是普通老百姓在参与诉讼过程中普遍的感受。司法究竟离普通老百姓有多远，是的，司法的程式性让司法权力运行得以规范，限缩了权力寻租的空间和时间。但是，司法不应当是精英阶层的专属游戏，司法人员，尤其是员额法官，更应当收敛起傲慢与偏见，用更亲和、更简易、更直接的方式让老百姓感受到司法的温情与柔和。当然，公正判决和高效执行是司法机关永恒的主业，离开了这个，谈啥都枉然，毕竟老百姓等米下锅，光说不练解决不了饿肚子的难题。

律师在司法机关和当事人之间应当充当桥梁纽带的作用，要成为双方矛盾的缓冲剂、裂痕的黏合剂，而绝不能刻意制造纠纷，在绝大多数情况下，当事人对律师的信任度超过对司法人员，律师的解释与引导对于缓和情绪，避免事端激化有重要的作用。只是，有时候真心感觉疲惫，就像面对一个有十万个为什么的孩童，有聒噪与错愕，但却少了童真与烂漫。

再后来，对亲属的案件，我都会极为耐心地解释，引导其调解或者诉讼，又或者去申请法律援助。同时会以不够专业、档期冲突等为由婉拒代理请求。因为，我知道拒绝代理他们的案件，亲戚照旧，逢年过节仍然能够打成一片，一旦接受代理，可能连亲戚都没法来往了。

律师究竟应该如何谈案收费

——一堂不一样的律师收费课

经济下行压力巨大，法律服务行业的内卷愈演愈烈，一些律所和律师在投标报价中屡屡出现1元中标或者0元中标的情况。我个人对低价揽案的行为是深恶痛绝的，完全扰乱了行业发展秩序，甚至破坏了律师及律所在民众中的形象。本部分探讨的重点是，律师如何在执业过程中体现自身的法律服务价值，如何通过提升法律服务质量、通过与委托人有效沟通、通过法律服务营销、通过签订一份高质量的法律服务合同等方式，使律师服务价值最大化。

第一部分：影响或者决定律师报价、定价的因素有哪些

一、律师和律所的成本

律师服务的成本是比较难以精准计算的，只能作出尽量客

观的评估。

律师服务主要考虑的成本因素有：

1. 办案费用成本（包括直接成本、间接成本）：打印、复印、装订、快递、差旅、食宿。

2. 机会成本（包括办案数量限制、利益冲突回避）。一个法官每年可能办 400 个案件左右，但是律师不同，所有的案件证据都需要一张张纸去收集，同时沟通成本特别高，尤其是委托人，很可能一天十几个电话，几十上百条微信，耗费你大量的时间和精力，一个再拼命再优秀的律师，一年能办 100 个案件，已经到了极限。如果个案耗费的时间越多，他也就没有机会去办理其他案件了。

3. 律师在执业地的生活成本等。笔记本电脑、中高档衣服、手表、手机、汽车等。有人可能会说，你不做律师也要吃喝拉撒啊。可是，如果我不做律师，可能我穿拖鞋就行了，反而很轻松，没有必要时刻保持精致的形象。哪个当事人希望自己找的律师不修边幅，看起来邋遢松垮。

律师收费以成本定价，是律师收费水平的底线，换成通俗的言语，就是"生存成本"或者"维持成本"。在维持生存正常工作的前提下，积累经验，寻找机会以求发展，往往是新入行律师的一个基本的生存之道。

对律所而言，这个成本就包括房租、水电、物业、人力、团建、党建、品宣、公益等，还有的律所有案源拓展团队，招聘大量的非法律人士铺天盖地做营销。

我有一个观点，律所的管理合伙人不仅是你自己，你要对整个律所负责，你把时间和机会浪费掉了，律所就受到损失了，因为你是创收主力。目前，我们上海的中大型律所都会有这个问题，合伙人占全所百分之七八十的创收，年轻律师创收十分低，中间层次创收的律师很少。

二、当地法律服务市场的环境

在常规法律服务领域，目前确实已经完全是买方市场了，当事人会精挑细选律师，你压根没有报价的机会，或者说，即便你报价，也只是报价，仅此而已，成案率十分低。

这里我要厘清一个观念：大城市就一定有更多机会，大城市的律师就一定赚得比小县城律师多？有些县城只有两三家律所，每个所三五个律师，破产管理人的案件都应接不暇。不需要专门拓展，不存在抖音，不必要直播，它是口口相传的传统市场。竞争反而没有那么激烈。

这样的生活，其实并不一定就比大城市律师逊色，生活质量是比较高的。相反，这几年我见过太多外地律师来上海后，又不得不悄然离开。

上海的法律服务行业，不是每个人都适合，更不是每个人都能出彩。来的，都是英雄，走的，也不丢人。

三、律师个人的综合素质

客户如何考察律师？肯定是先了解律师的基本情况，如人品、学历、资历、社会职务、人脉资源，再考察律师的业务水平和专业技能。前面的那些是表，后面的业务水平是里，一个表，一个里。

表里结合得好的律师一定能高收费，一定能打动当事人。

我担任过两家律所的执行主任，每家我都明确要求，所有年轻律师必须积极参加律协的各项活动；必须积极参加律师等级评定；必须参加各级政府组织的各项公益活动。通过这些活动来攒资历、拓人脉，由量变到质变，最终大丰收。

与普通服务不同的是，由于律师服务的专业性很强，客户对律师服务价值的认知大多数为盲区。当事人对律师服务价值的认知，有赖律师对客户需求的精心挖掘，并在此基础上加以正确、适当的引导。律师对客户需求的发现，必须结合客户的具体事件进行。因此，律师的专业水平和执业技能、律师与客户的沟通能力、说服能力决定了律师对客户的引导能力，从而也决定了律师服务的定价水平。

如果你能对具体的业务问题滔滔不绝，法律关系拿捏精准，然后对司法权的运行分析鞭辟入里，那谁能跟你竞争？你开价高一点又怎么样？谁愿意把自己的案子给新手练手？哪怕案子再小！

四、案件的繁杂程度和工作量

这么多年的审判工作和律师工作，我提炼了关于这个问题的几个观点：

1. 案件虽小，但面面俱到，小案件需要耗费的精力往往比大案件还要更多。而且因为是小案件，各方面反而很不规范，举证的难度相当大，工作难度也就大。

2. 复杂案件绝对不能低收费，你会心理极不平衡，这么大的工作量，就收了这么点钱，工作质量也就难以保证，害了当事人，也砸了自己的招牌。法律服务行业一定是一分钱一分货，不可能有例外的。

3. 标的大的案件工作量不一定大，单纯以标的大小来作为收费标准并不合适，很多案件，诸如建设工程、民间借贷、金融借款等。

律师最怕审限遥遥无期的案件，因为你要花巨量的时间和精力去回答当事人的十万个为什么，所以，对那些需要鉴定或者走其他途径的案件，一定要充分考虑时间成本。我有一个非法吸收公众存款案，已经办了三四年了，而且可以预计还需要一两年才能结案，这个案件涉及浙江、福建 2 个省份，3 个罪名，7 个政法机关，跨省移送管辖，需要经常往返各个机关间协调，耗费了巨量的时间和精力。假设，这样的案件收费很低，那直接就没法做，所以，接案的时候，对工作量和工作难度、强度都要做充分的估计。

五、案件与个人或者律所的匹配度

有的案件当事人是慕名前来的，尤其是一些刑事案件，当事人经过检索或者他人介绍，知道你是这个领域的专家，办理过很多类似案件，所以，不远千里找到你。

还有的当事人经过裁判文书检索，发现你们所常年帮某家大企业代理，或者代理过许多诉某企业的案件，他们会找过来，请求你帮忙处理他们的类似纠纷。

还有的案件，因为你之前的工作经历等其他原因，当事人慕名前来。例如，留置案件、法检经历。

那么，这类案件你就具有相当的议价权。当事人对你的专业深信不疑，对你处理类似案件的能力深信不疑，对你在这方面的优势很相信，你的收费自然就不能低。

六、案件对当事人的价值

不同的案件对当事人有不同的意义，一个民间借贷纠纷，无非就是钱能不能要回来，不大可能超过法定收费标准很高的水平成交。但是，一个离婚案件，就关系整个家族的问题了，比如争夺抚养权问题。

千万不要因为一个不起眼的标的或者诉请，就简单地下结论，认为案件的经济价值很小，这是完全错误的。一些高收费的案件，往往案由很普通，很常见。

我曾经办理了一个普通的气象行政处罚案件，处罚数额是6万元，律师费我收了15万元，为什么？当事人直接交了6万元，还剩下9万元不美吗？不能这样简单地看问题，这个案件因为当事人是一家检测公司，按照规定，如果没有这次的行政处罚，那么，公司的资质是能够立马升级的，可以一下承接更高更多更广的业务,这个是很大的一个市场。所以,当事人有动力有激情来打这个官司。你如果能做好这样的案件,当事人会认为这个律师费花得超值。

第二部分:谈案收费的策略与技巧

很多刚从法学院出来,或者刚从法院辞职出来的人,很困惑,没人教我谈过收费啊,法学院没学过这个课,老师也没教过这个内容,我羞于谈钱啊。律师的商业属性是不容抹杀的,不收费、不收较高的费,律师自身温饱都解决不了,又怎么样去帮助别人。任何过分要求或者强调律师公益属性的做法都是耍流氓。那么,谈案收费又有哪些策略和技巧呢?

一、永远不要低价揽案

这是我刚从事律师职业就给自己定下的基本原则,君子爱财,取之有道,法律服务行业不可能存在廉价优质的服务。只有合理收费才能对客户负责,也才是对自己负责。

即便是你处于事业的低谷期,也不要丧失原则,从事一些廉价的法律服务,这会让你怀疑法律服务事业究竟还能不能进行下去,这个对职业信心是一个巨大的摧残。

二、尽量到办公室谈案

律师收费谈判不会是"直奔主题"的、单纯的数额协商,而是包含一个较为复杂的过程。除非是已经与律师建立信赖关系的老客户，否则律师费的协商不会一蹴而就，往往要经过多次协商才能确定。律师洽谈收费的场合，就是协商的场所及具体环境很重要。

我一般会坚持在律所接待室谈案件及收费。

第一，这有一个主场优势，你到一个熟悉的环境，心情更加能够平静，能够发挥得更好；相反，你到一个陌生的环境，需要顾虑的地方就多。甚至还要担心人身安全的问题，我现在已经特别注意这个问题，防人之心不可无，原则上不跟客户吃饭，不去茶室、KTV等场所。

第二，打印、复印签订合同很方便，更重要的是当即付款也会很方便，律所一般都有支付宝二维码收费，小标的可以直接扫码支付。一些案件，合同签订了，费用说好第二天付，结果后来，当事人回去跟亲戚朋友一打听，七嘴八舌，好了，案件黄了。所以，从促进成交的角度，应该第一时间签约交费开票。我这里还要说下开票的事，一定要第一时间就开出发票。

第三，你可以很好地展示律所的硬件和环境。我们央法也推出了云办公，但是，云办公的适用场景是极为有限的，律师需要律所作为背书，甚至，我断言，将来法律服务市场的竞争是律所品牌的竞争。一个高端大气上档次的办公场所，一定会给你的高收费加分。

当然，有的案件，由于案件性质特殊，或者当事人身份特殊，不适宜去律所面谈，可以选择一个更加隐蔽的场所，例如私人会所。这样的案件也不少,委托人因为各种原因,不方便来律所,有可能是委托人是当地的明星企业家或者领导干部,也有可能案件性质十分特殊。所以,我们要具体问题具体分析,不能搞一刀切。

三、不要急于求成

律师都喜欢短平快的案件。谈案也要快,结案更要快。可是,往往情况都有不同和变化。在谈案中,针对标的额较大、工作程序繁杂的案件,由律师制定一个服务方案并初步报价发送给客户考虑。采取这种方式,律师应当在服务方案中,介绍律师事务所及承办律师的情况,说明本所及承办律师胜任这种委托事项;应当阐明律师如果接受委托会采取的服务方案、响应时间及方式;最后还应当详细说明报价的依据及理由。还有很多案件,确实不宜第一时间就立马签约付费,我们要保持足够的耐心,不要动辄就催促当事人签约交费,欲速则不达。

四、讨价还价的技术

年轻律师在执业初期,都会遇到这个问题,开价以后,当事人会还价。那么,怎么样解决这个问题呢?我有几个小技巧跟大家分享:(1)首次报价要报一个略高的价格。不要担心失去合作机会,很多律师都不敢高开,心里肯定在想,我开多了他会不会就走了?其实,没有必要担心这个,律师和律师之间的差异是巨大的,甚至有天壤之别。高开有4个好处,第一,你开价对方可能没跟你还价。当然这个取决于当事人、所处环境、时间紧迫性等各种因素，你就要综合去把握了。第二，提升了你的法律服务和服务产品的价值和身价。第三，有一些客户会觉得，这个律师开得挺高，肯定是很有料，衬得起我的身份，我这种人，就得找个大牌律师。他认为小律师就是收费低的，客户是这样的心理，所以你要抓住这个心理。第四，也是最重要的一点，你给了自己一个谈判空间。我们商业谈判里面经常会碰到这种情况，需要开一个空间出来，让所有的空间都在我这个范围之内，所以我们一定要去高开。（2）不要随意答应当事人降价的要求。现在是买方市场，很多客户都会还价，律师为了尽快成交，会一口答应降价要求，但是，随意降价会产生几个不利的影响：一是会让客户觉得不严肃，甚至误认为自己还价不够狠，还可以更低，反而不利于最终成交。二是让人感觉这个律师很随意，业务水平存疑，能不能办好这个委托有疑问。（3）提供替换方案。如果要请我，那就是这个价，但是，如果预算没那么高，我可以给你介绍另外一个律师或者团队。或者说，实在不行，这个案件我可以把一审和执行一并给做了。或者说，你再把其他的业务一并给我做，几个案件一起，可以更优惠。（4）提供"法律+"服务。这个是我很多场合经常重点强调的内容。法律服务接下来进入普惠阶段，如果一个律师能够提供"法律+"的业务，自然会对法律服务有一个附加值，当事人的依赖程度就更高。那么，在谈案过程中，如果能顺道就其他业务达成合作协议，那律师费可以再谈吗。例如，一个建筑公司的客户，那我能不能拿下他们的脚手架租赁。做律师要真有商业思维，不能禁锢自己。

五、注意观察和倾听

付款能力跟客户是否有钱没有必然关系，客户有支付能力不代表他就愿意付律师费，客户没有支付能力或支付能力不足也不代表他就不愿意支付律师费，他可能会想方设法来支付律师费。

但是，我们对来蹭咨询的和真正有委托意愿的必须要做筛查。在正式谈之前，我们必须要做充分的准备。首先，我们要了解洽谈客户的情况包括：我们要谈的人是谁。要了解他的基本信息、背景、所处行业和领域；他以往是否有购买律师服务的经历，为什么要换律师；跟你谈判的这个人是什么人，他是否有决定权，他的人品和性格怎么样。谈的过程中也要察言观色，以貌取人，看看他的穿戴。这个都是我们需要注意的细节。其次就是倾听，一定要在耐心倾听，掌握最基本事实的基础上再发表意见，否则一定会出差错。尽可能不要打断客户的陈述。还要学会"倾听—询问—再倾听—再询问"的引导。这个过程中，我们要准确地把听到的信息进行整理、归纳、要点概括，对信息进行确认，这叫作律师对陌生信息的处理能力，非常重要。具体确认哪些信息？（1）客户遇到了什么问题，他怎么了？（2）此前他有没有委托其他律师？（3）客户的主要目标，核心诉求是什么？（4）客户的境遇、情绪和期望值。

我们要避免主观主义、经验主义的错误，当事人都还没说清楚，你就抢答，自认为这类案件太熟悉了，实际上，每个案件都有个性，都需要特殊处理和应对，哪怕是离婚案件，件件都不同，当事人的诉求也不同。

六、团队作战

如果你还没有组建团队，那就得依靠、借助其他律师的力量。客户的需求很多情况下都是复合型需求，不局限于某一个小领域，单打独斗的律师可能不能满足其全部需求，当事人需要的一站式服务。所以，要邀请相关领域的资深律师一起谈，资深律师给你的溢价会十分高，办一个案件可以抵其他几个案件。同样，资深律师也不要尽量一个人去谈案，带助理谈，助理可以帮忙做记录，打印材料等辅助性工作，这样让当事人感觉更正规、更舒适。

在整个过程中，要体现出一个律师应有的修养和胸怀，不能因为当事人不准备委托就冷眼相待。即使当事人表示暂时不委托，我们也应当热情相送。很多时候，成功和失败就蕴藏在这些细节之中。

关于案源拓展的五个小故事

律师行业，案源为王，但是，开拓案源可能 100 位律师有 101 种做法，真可谓八仙过海，各显神通。我来分享几个小故事，侧面展示不同地域、年龄、资质和经历的律师不同的获客方式和生存之道，希望能对大家有所裨益。

故事一：留着胡须的"小朋友"

这位律师是我刚辞职出来就认识的一个小伙子（大约在 2018 年），"95 后"，毕业于一所他自己都不好意思说出来的高校（某某学院），但是，他的发型永远都是大背头，油光发亮，而他最让人印象深刻的还是他那一撮小胡子，衬上大背头，搭上中山装，再加上皮肤略微有点黑，让他看起来比实际年龄起码老 10 岁。有一次，我问他，为什么这么年轻，穿着却像个老干部。他说："刘哥，我是迫不得已啊。我跟你不一样，政法院校毕业，法院工作经历，自带光环。我毕业院校差，只有本科学历，年纪又比较小，机缘巧合我现在混币圈，里面很多大佬原本都很年轻，他们希望自己的律师是成熟稳重，能够镇住一方的角色，如果我不刻意扮老，让他们发现我比他们还年轻，可能都没法融入这个圈子。"我恍然大悟，他就属于典型的行业律师，专注于虚拟货币领域，经过几年的打拼，已经在行业内小有名气，涉虚拟货币民商及刑事案件、非诉讼合规业务接到手软。试想，如果他刚开始介入就是一副文质彬彬书生模样，20岁出头的年纪，他能不能被客户看中？尽管他在这个业务领域造诣颇深，也很可能压根没有机会获得信任。

故事二：永远占线的大男孩

这位律师是我亲自面试招录的提成律师，当时他在西安执业，西北政法大学毕业后先在西安拿证，但是，两年多时间下来，他发现长三角经济体量大，异常活跃，且远比西部开放包容，所以，尽管在西安有了一定的基础，也毫不犹豫地扛起背包来到了杭州。到了杭州以后，业务怎么拓展呢？他举目无亲，老师和同学大多在西安，杭州再好，也跟他无关啊。于是，他苦苦思索如何开拓案源，终于他发现一个好办法。国内有很多法律咨询App，这些软件公司需要大量的律师接单，转化案源，于是就以普通会员抢单、高级会员优先私享案件线索等方式在各大城市招募办案律师。小伙子决心也是真大，一狠心，在数个平台申办会员和高级会员，不仅主动抢单，还异常积极参与各种论坛灌水，同时，也十分擅长处理人际关系，跟各App的综合管理人员关系很熟，请他们帮忙优先推荐好的案源线索，再后来，我们发现全所他的电话最多，他每天从大清早到半夜，接不完的电话，在这个过程中，他自己也十分勤奋地查漏补缺，自己的业务能力也突飞猛进，案源越来越广，越来越优质。后来经过三四年的发展，创收已经上了百万元，天道酬勤。

故事三：热衷法援的"高个子"

律师职业的门槛低，年轻律师愁案源，无案可办最难熬。这个故事的主人公在一个三、四线城市执业，与一线城市相比，三、四线城市的优质资源几乎都被老律师垄断了，政府法律顾问，城投产投旅投等相对来说已经划分了势力范围，年轻律师想介入的难度系数十分高。这个主人公我用"三高"来形容：个子高，一米八的身高，阳光帅气，自信满满；业务要求高，只做刑事，其他的一律不碰，哪怕饿肚子也不接；工作要求高，任何一个案件都精益求精，做到极致。可是在一个三、四线城市走专业化的路径其实是很难的，主要理由就是没有充分的业务来源支撑。他想来想去，想到一个好办法，跟司法局对接，专门承办刑事案件的法律援助业务，同时积极到看守所值班。刚开始是比较艰难的，司法局的领导也在怀疑，小伙子能不能做好刑辩，当事人会不会有投诉。但是，他始终以极高的标准来要求自己，每一个刑事案件都精雕细琢，每一个案件都办得又好又快，卷宗归档也堪称完美，从未有过被投诉的情形，自己的业务能力也得到了充分的锻炼。一段时间以后，领导对他就高度信任且赞许有加。更重要的是，刑事辩护是比较容易出成绩的，有多少缓刑、不捕不诉，宣传跟进以后，很快在当地就小有名气，同时也因为办理了大量法律援助案件的缘故，荣誉和奖励也纷至沓来，他也进入当地律协担任刑委会副主任，慕名找他辩护的人越来越多。

故事四：混迹政协的某委员

还有一个朋友，他的律所属于典型的小所，三本证，自己的亲戚做财务，一百多方的办公面积，场地装修不奢华，但是也能满足基本需求。原本这类小所，在目前这样的大环境下，应该是在夹缝中艰难生存的，但他有一个优势，他本身是民主党派人士，幸运地成为当地政协委员，确实他十分享受这个身份，也特别积极地履行了职责，他的朋友圈大量内容都是参加所在民主党派会议，参加政协相关会议等。尽管他的律所规模小，但是，丝毫不影响他对接优质资源，他在所在的党支部和政协委员中属于明星律师，而刚好这个身份可以结交到十分优质的企业家委员，近水楼台先得月，案源拓展更加便利，而更重要的是，又基于其委员的身份，相关业务的收费标准也相对更高。当然，他对自己的要求也很高，努力在业务代理工作与政协委员身份之间画出红线。

故事五：城市夜空的男低音

每一个律师都要把自己的优势和特长发挥到极致。我有一个朋友，他在大学期间就是校广播电台播音员，那会儿就颇受同学们欢迎。做律师以后，他就想着如何把这个优势充分利用在案源拓展上。于是，他主动对接了当地广播电台，每周一至两次，在交通晚高峰时段做嘉宾，提供在线免费法律咨询，由于其音色、音质极为优越，再加上恶补了人身损害赔偿、车辆买卖等领域的专门知识，所以，没过多久就成为当地电台的一个热门节目，他也成为当地的红人。刚开始在节目中主要回答交通事故、车辆买卖、车辆保险等业务问题，后来，因为咨询的人越来越多，内容也五花八门，所以，他自己专门做了一个公众号，公布了电话、微信，业务做得风生水起。

关于案源拓展，其实我们每个人都有自己的门路。但是，随着时代的变迁，"90后""00后"的法律消费习惯已经与老一辈有了显著的区别，他们可能并不首选口口相传，熟人介绍等方式，更多依赖在线方式快速便捷获得法律服务，从这个角度来说，律师获客是有时代特色的。这些年，许多年轻律师在抖音平台大放异彩，实际上已经完成了后浪超越，而且新科技、新媒体一定会加速这个过程，年轻律师淘汰资深律师就在悄无声息间，没有一个资深律师是可以一成不变，永保江湖大佬地位的。

年轻律师脱颖而出的"三新路径"

我一直都很担心,律师行业吸引不到足够优秀的人才,而最终慢慢衰败。因为法律服务市场的确已经进入了一片红海,竞争激烈、残酷,对年轻律师确实不够友好,让许多年轻人望而生畏,久而久之,形成一个恶性生态。但是,并不是说,年轻律师就完全没有机会,就只能按部就班熬资历,一点点攒资源,被动等待老律师们谢幕后再登上大舞台。相反,当前法律服务市场正在经历剧烈的动荡变革期,年轻律师后来居上的机遇比以往更多,我形象地归纳成"三新路径"。

切入新行业,开辟新大陆

市场不缺业务,缺的是发现业务的眼睛。从整体形势上看,至少未来三年,法律服务行业都将一年比一年更困难,律师行业离不开大环境,5分靠时运,3分靠打拼,2分靠努力。那你就要知道市场在哪里,并且了解市场的大需求,这就需要你有敏锐的嗅觉。在我看来,目前市场的刑事辩护、建筑工程与房地产、财税、知识产权、证券、投融资等都是规模较大的市场。可是，上面这些行业大家都熟悉啊，都在争抢市场份额。我们年轻律师一定要第一时间发现别人没有涉足，或少有人注意的新领域。2023年2月16日，最高人民法院发布《最高人民法院关于完整准确全面贯彻新发展理念　为积极稳妥推进碳达峰碳中和提供司法服务的意见》，这是最高人民法院出台的第一部涉"双碳"规范性文件，对于各级人民法院依法妥善审理涉碳这一新领域的各类案件具有重要的指导作用，对于助力推进碳达峰碳中和具有重要意义。其实，早在2021年7月，正式启动全国碳排放交易市场以来，我国碳市场已成为全球覆盖碳排放最大的市场。根据《证券日报》相关数据：为实现"碳达峰、碳中和"目标，未来大致需要的资金在100万亿元至140万亿元，每年资金需求约为3万亿元以上，占全社会固定资产投资规模5%以上。这是一个巨无霸市场，那我们立马就要去研究，这个巨大的蓝海中有哪些法律服务刚需和软需。除了可能引发大量环境行政处罚听证、复议、诉讼案件、环境民事公益诉讼案件、污染环境罪案件外，我们还要关注以碳中和为主的金融产品以及围绕碳交易和碳中和相关的其他投融资活动，甚至我们还可以设计和开发碳交易、碳开发、碳资产管理、投资融资等全方位的法律服务产品。可以说这个领域真是包罗万象，也真正考验律师的综合素质，谁最早进入，谁下的功夫多，谁将来就是行业领头羊，等到他人后知后觉再进来，你已经掌握了行业法律服务的资源和话语权。

熟悉新法规，发现新机会

随着社会发展速度越来越快，新法的出台速度，以及旧法修订的频率都越来越快，而这些新内容一定程度上就会改变法律服务的方式，或者直接引发新的法律服务需求。比如2021年修订的《中华人民共和国行政处罚法》第24条规定，省、自治区、直辖市根据当地实际情况，可以决定将基层管理迫切需要的县级人民政府部门的行政处罚权交由能够有效承接的乡镇人民政府、街道办事处行使，并定期组织评估。这是这次修订的亮点之一，行政处罚权下放至乡镇人民政府和街道办事处，执法重心下移对现有执法权责和格局的突破，亦对基层治理能力提出了更高的要求。那么，这一变革会不会给我们带来机会，我想至少有以下几个方面的可能性业务：（1）干部队伍储备不足，专业化程度低，难以满足复杂的执法实践要求的矛盾凸显，乡镇、街道大量刚性的培训机会。（2）提前介入，防范风险，在组织重大执法行动前或在查处疑难复杂案件过程中，邀请专家型律师帮助理清执法思路，分析适用法律，从源头上防范执法风险。（3）派驻律师，派遣律师每周至少一次驻队指导，协助一线执法工作，当好现场参谋助手。这个是从行政主体的法律需求角度来分析，从相对人角度，同样也是大有可为。从听证、复议到诉讼，专门针对基层执法直接可以为相对人开发一系列的法律服务产品。当然，法律不同，修订内容不同，带来的契机就不同，有的法律修订对法律服务提出了全新的要求，激发了全新的领域，而有的可能只是小修小补，律师工作只是微调即可。

利用新媒体，做好新主角

新媒体的出现，使人人成为媒体的源头，如果能够很好地利用这些新的沟通交流的渠道，实现创新业务的突破，将会是一个水到渠成的事。有的年轻律师注册了自己的微信公众号，坚持不懈地发布法律类的原创文章，从而招揽了一些粉丝，形成了自己的客户群，树立了自己的专业形象，奠定了自己在行业内的影响力和知名度。在这些粉丝有法律需求时，他将是首要选择。有朋友开通了头条号、微博，对社会热点事件从法律层面进行深入理性的分析，发出专业的声音，既实现了良好的社会效应，也聚拢了一批客户受众。还有的年轻律师是小红书里的红人。新媒体的出现，为年轻律师实现创新业务提供了新的渠道。从新渠道入手，将会是一个很好的思路。特别是抖音、快手等小视频 App，是普通老百姓喜闻乐见的一个形式，现在很多年轻人有法律服务需求后不是去百度搜索，更不是现场去咨询，而是直接在抖音检索，在线提问，这是年轻一代法律消费方式的颠覆性变革。我个人认为，这在一定程度上来说应该就是今后律师营销的重要形式。当然，这个不是某一个律师随随便便就可以实现的，需要组建专业化的团队，他们中除专业的律师外，还有专业的策划人员、拍摄人员、剪辑人员、演员等，所以专业化的团队一定不都是律师，如果都是律师的话，那么就不是真正意义上的专业化团队。

客观地说，律师行业良莠不齐、鱼龙混杂，抛开难以客观量化的人品和操守不谈，单就专业水平论，一些律师的确比较糟糕，看不到案子的要害，误人误事，投机取巧。年轻律师从一入行就得严格要求自己，拒绝平庸，努力提升自己，包括认知，世界上最痛苦的事情莫过于发现了机会而轻易就错过了机会，认知提升以后，关键在执行，年轻律师要有闯劲，最不要担心试错成本的问题，错了，推倒重来，继续往前冲。

法律咨询公司真的来了

有个朋友在湖南某四线城市办了一家律所，前阵子突然辞了主任之位，办理了退伙手续，直接注销了律师证，反手就申请了一个法律工作者证。然后，立马成立了法律咨询公司，并同时与其他法律咨询公司建立了合作关系，生意做得风生水起。起初我很好奇，为什么会有这样的"神操作"呢？

无论你是否在意，资本都已经大举进军法律服务市场，其实，资金早就已经涌入了，只不过，之前是直接投资办律所，然后采取收摊位费的方式，把律师视为客户获取利润。但这几年的情形有所不同，资本以法律咨询公司的名义切入，通过在百度、头条、抖音等投放广告、引流、直播等方式获取案源，然后低价转手给律所和律师。

资本是无利不起早的

有一次，跟一家建筑公司的老总喝茶，我问到建筑行业的纯利润是否超过15%，他苦笑一声回答，大多数项目是没有这么高的利润的,少数项目可以达到,但是,无论是哪个项目,工程款的结算都是个大问题,央企和国企的回款难,民营企业回款更难,如果遇到爆雷企业,那就会是漫长的诉讼,甚至即便是胜诉后也直接血本无归,无法执行,再加上施工过程中都需要大量垫资,融资成本也特别高。他们公司现在更倾向于做劳务清包,这样也就不存在垫资和回款的问题了。

从上面的对话中,其实我们可以知道资本为什么会舍弃传统行业,聚集法律服务行业。(1)传统行业利润低。尽管大家都在说,法律服务行业内卷严重,但是对律师个人而言,除去税费、提成和办案成本,实际获得的收益确实是远高于传统行业的。(2)投资少,门槛低。法律咨询公司的投资相对较低,租个办公室,招聘员工,就干起来了,投资不需要很大,成立咨询公司的手续也简便。(3)见效快,周期短。无论是诉讼业务,还是非诉讼业务,对很多主体来说,都是刚需,只需要切入进去,立马就有回报,一般情况下,也不存在回款的问题。(4)律师行业是相对原始的行业,很多律师不愿意,也不擅长运用互联网思维去做开拓,而通过引入其他行业的模式,实现"劣币淘汰良币",律师反而成了咨询公司的附庸。

法律咨询公司对律师行业的影响是巨大的,有可能在一时一地是毁灭性的。

1. 逼迫部分律所做模式创新,大量的"网推所"如雨后春笋般呈现。既然法律咨询公司可以通过各种途径去承揽案源,那么,律所为什么不去这么干呢?再加上原本有部分律师在入行之前就是做电商、做销售、做互联网的，现在转做法律服务的网推也是轻车熟路，也有律所采取外包的方式，将这块工作外包给网络推广公司，以获取案源。八仙过海，各显神通。但是，我一直坚定地认为，网推所只是一种模式，绝不会是一种趋势。

2. 年轻律师的生存空间进一步挤压，一流人才初选律师职业的概率进一步降低。近年来，随着律师人数的激增，整体经济形势微妙，原本年轻律师就生存艰难，法律咨询公司则会进一步恶化年轻律师的生存环境。因为法律咨询公司，以及网推的模式，针对的主要还是个人客户，或者小微企业，这部分客户原本是年轻律师的重点案源主体，被法律咨询公司抢走后再转手给年轻律师，对年轻律师而言其实是一种剥削和压榨，按照一些咨询公司的做法，一个收费 1 万元的案件，最终到办案律师手上可能不到 2000 元。如果这样的生态长期持续下去，甚至有可能会导致优秀人才对法律服务行业望而生畏，好大学的毕业生、硕博士生不愿意入行，即便是懵懵懂懂进来了，体验到了行业生态以后又果断转行，及时止损。这个对行业的影响是致命的，律师职业无法吸收最一流的人才，职业的荣耀和前景都堪忧。

3. 对律师职业的社会地位和荣誉损伤是根本性的。法律咨询公司的前端工作，基本都是由非法律背景的人在做，有的甚至只有初中学历，公司又有严格的业绩考核，为了揽案源，虚假承诺、拍胸脯表态、暗示明示关系背景的现象十分常见，案件承接下来以后，这部分人又不参与案件办理，案件的最终判决可能与最初签订委托合同时的承诺或分析完全不同，且不说会导致客户投诉的问题，这个会让人从根本上质疑整个律师职业群体。会让人感觉，这些人为了钱不择手段，输了案件以后又当甩手掌柜，毫无责任心可言。网推所的律师一般都比较年轻，办案经验有限，可是如果大范围的都是这样的模式和现象，会直接影响那些专业、认真负责的律师，会导致他们的个案收费降低，尊荣感下降。

那么，作为律所的管理合伙人，究竟应当如何看待这个现象呢？

我个人的意见是，这仅仅只是模式，不是趋势，是乱象，不是正道。这个只是在法律服务行业发展中的一股乱流，随时都可能因为国家政策调整，法律严格执行而消散。事实上，已经有地方政府正在开展针对法律咨询公司违法开展业务的专项整治工作。律师行业仍然应该坚持强队伍、保质量、做品牌的基本模式发展。但是，也正因为我是律所的管理合伙人，要考虑人才引进、年轻律师成长等问题，所以，我也不会采纳一刀切的方式拒人于千里之外，我们仍然要看到"90后""00后"法律服务消费习惯的改变，互联网和科技对社会生活的影响，在法律允许的范围内，尝试做品牌推广和服务推介创新，甚至以团队形式在律所内部先行先试，对外与法律咨询公司畅通合作渠道。我想，只要风险可控，做必要的创新还是有价值的。

律所主任还要不要亲力亲为办案件

央法的合伙人基本都是"80后",所有的合伙人都还冲锋在办案第一线,我自己平均每年办案数量大约在60件左右,在办案之余,我们还要挤出时间负责律所日常管理事务,其实管理合伙人团队已经是严重超负荷了。我们也曾多次商讨律所的运营模式问题,究竟是我们这种律师兼职管理的方式好,还是聘请专业的律所管理团队,由他们负责央法总分所的运营模式好。当然,两种模式各有利弊,将来的道路无非是管理层的传承、更新换代,继续律师管律所的模式,或者是深化改革,推行专业职业管理人模式。

"脚踩祥云"的律所主任。律所主任,尤其是大所的主任,可能需要满满一张纸才能写下全部的头衔,诸如两代表一委员、兼职教授、兼职研究生实务导师、政府法律顾问、人大立法专家、检察院特邀专家、律协班子成员、仲裁员、上市公司独立董事、商会班子成员、校友会班子成员等,而这些头衔的背后一定是连续不断地付出,要想真正履行好职责,那一定要求他投入大量的时间和精力，而且，上述工作还只能由律所主任去完成，由其他合伙人或者律师助理去完成都有可能出问题，也不符合法律规定。律所主任已经疲于应对上述综合性事务了，再加上律所管理事务，可以说分身乏术，那究竟还要不要、能不能办案件，做业务呢？律所主任如果不做业务，收入又从哪里来呢？

在代理人选任方面，其实，大部分的常规案件都是具有可替换性的，律所主任负责业务指导，检查和修改起诉状、代理词，查阅和补充证据等，可以实现对案件质量把关，具体的出庭则可以交由团队律师负责。这也是律所主任尽管每天都在忙于各种交际，但是，仍然能保证收入的模式，团队作战可以有效解决律所主任超负荷工作问题。当然，对重大复杂疑难案件、刑事案件等必须由律所主任办理的案件，那就要么不接，接了后必须亲自操刀，否则容易造成难以挽救的后果，对律师个人和律所品牌的伤害都很大。

律所主任办业务至少具有以下几个方面的重要价值。

首先，对律所主任个人而言，不至于在业务层面被淘汰。新法层出不穷，修订的频率也越来越高，如果不能保持在一线战斗，可以说，在业务层面很快就会被淘汰，在接待当事人、协调对接司法人员的过程中错漏百出，更不用说做专业讲座了。久而久之，也就在客观业务能力上脱节了。

其次，律所主任办业务，对培育律所良好风尚，吸引优秀律师加盟具有极大的意义。确实存在一些律师，成长为律所主任后基本不办业务，只负责承揽业务，然后交给团队律师或者助理去完成，收费还相对较高。这个其实对客户而言是不公平的，客户希望自己请的律师经验丰富，有一定的知名度，而不是一个刚从法学院出来的年轻律师，而且确实支付了比较高的代价，如果业务办理情况不理想，还容易产生纠纷。律所主任办业务，会产生积极的引领作用，让其他合伙人更加积极主动开拓和办理业务。在人才引进方面，也会为整个律所品牌加分，会给外部律师留下良好的印象，整个律所有激情、有活力，整个律所的管理层务实、真诚，他们也更加愿意加入有这样氛围的律所。

再次，律所主任出庭，对提高律所知名度，维系和改善律所在司法机关、人民群众中的形象意义重大。律所主任一般都具备较强的业务素养，无论是逻辑思维、法律功底，还是庭审技巧与应变能力，都可圈可点，参加庭审、谈判，淋漓尽致展现律师专业、敬业的一面，既能赢得司法人员充分肯定，也能获得当事人高度认可。

最后，律所主任办业务也能更好地培养年轻律师。当前，大量的年轻人涌入律师队伍，这个群体其实业务能力相对是比较差的，急需全面提升各方面的素养。律所主任以身作则，亲自示范，可以让年轻律师更便捷、更直观学习到律师职业的精髓。

毫无疑问，律所主任是必须办理业务的，但是，在如此高强度的体力和脑力劳动下，常年保持充沛的精力和旺盛的战斗力是极不容易的,而随着年龄的增长,体力、记忆力、智力的下降,律所主任也要适应自身变化慢慢给自己做减法,给年轻人更多的机会和空间。

律师如何与公司法务高效顺畅沟通

规上企业大多配备了法务部门，组建了专门的法务团队，负责日常的合同审查、纠纷调处、决策论证、仲裁诉讼等事宜，但是，不管是多大的公司，多大的法务部门，都仍然会有外委案件，公司仍然会把部分案件委托给外聘律所来办理。当然，从目前的实践来看，大型民营企业对外聘律所和律师的要求是非常高的。一是对律所规模和品牌的要求是刚性的，地方性小所很难有竞争力，甚至连入库资格都很难满足，规上企业，尤其是全国性的大企业，其业务范围遍布全国，更加青睐总部在北京或上海，并且在全国其他城市有分所的大型律师事务所，便于第一时间对接和处置突发情况。二是它又不过分迷信于规模所和红圈所品牌，更加注重考察经办律师经验和品行，一个案件的办理结果，跟主办律师的理论水平、经验技能直接关联，红圈所也有新手律师，规上企业会特别注重主办律师的毕业院校、工作经历、工作业绩、社会资源、理论成果，会通过各种途径查询主办律师的信息。要特别提醒的是，千万不要以为律协的会长、副会长就一定能够胜出，很多规上企业首先排除的就是这个群体，主要理由就是必要工作时间，他们会考虑一个人有那么多的社会头衔以后，在完成繁重的社会活动之余，还能不能保证有足够的时间精力投入案件代理工作中去。很多规上企业也都不再简单地采取招标的方式，以最低价方式选定外部律师，而是灵活地采取邀标，定向走访调查等方式，综合评比后选定。

公司法务由于各种原因，与律师会存在理念、经验、技能等的差异。法务思维的核心是一切以老板意图为准，所有的工作都围绕老板的指示去做，而且由于其既是代理人，又是公司员工，对败诉的后果十分畏惧，这样就会导致即便是铁板钉钉的事实，法务也不会承认，不仅如此，凡是对公司不利的事实，无论证据如何充分扎实，他们都不会承认，哪怕是特别授权代理。这样，就会给法官留下极为不好的印象。所以，很多情况下，公司法务在诉讼过程中采取的策略，天然的会让法官反感，为了对抗而对抗，不考虑诉讼后果。其实，这样一味地否认基本事实，掩盖真相，反而适得其反。相反，帮助法官最大限度查明事实真相，努力寻找可以止损或者尽最大限度减少责任的途径，往往能够获得法官的认可，法官也会充分利用好自己的自由裁量权，实现利益平衡。另外，由于公司法务常年主要处理某一领域的法律关系，一旦遇到新领域，就会茫然无措，此外，相比规上企业可以聘请的律师，他们在诉讼经验、技术、资源上也存在一定的落差。

第三章 优秀的律师一定是高级营销专家

但是，公司法务与外聘律师相比在处理诉讼上又具有其他的优势，他们更熟习业务，对案件事实更加了解，同时，他们可以第一时间就与业务条线的员工进行及时和充分的沟通，收集证据。同时，他们可以第一时间就与公司领导沟通，了解领导的基本态度和底线。

不同的法务，由于不同的公司文化与个性特征，其与外部律师的沟通交流也就风格迥异，下面列举两种比较极端的行为风格。

第一种：强力压价，只问结果。完全凭借甲方优势，反复强压价格。实际上，要知道律师干的是一门良心活，每一个优秀律师手里头都有几十个在办案件。有的时候不仅需要职业的素养，更需要对客户持有一份认同的情感。所以，法务人员看似尽心尽力地议价，用力过猛，很多时候会因噎废食。当然，我也不反对议价，但议价的目的实际上是排除一些水分较高的报价，如果议价的程度已经到了对律师利益诱惑力很低的程度，那么，这样的业务很少有律师会尽心尽力去做好，只会是简单地走个流程，完成最基本的工作。在案件结果上，一些法务不看过程，只管结果，因为法务确实也都比较忙，除了法律工作，还有领导交办的其他工作，而且公司的条线会议都要求法务参加，确实难挤出时间精力。但是，这种做法也是不可取的，不管多忙，一定要适时跟主办律师沟通，协助核对事实，提供证据，研判案情，必要时通过组织视频会议进行专题研究，既要让律师看到公司重视的程度，更要让律师充分及时掌握全部案情,做精准分析。

第二种:尊重报价,但事无巨细亲力亲为。我自己就有亲身经历,合作多年的顾问单位,彼此之间已经建立了极为信赖的关系,的确在之前的诉讼中,一大批案件都取得了特别好的效果,后来在某一个案件代理方案商议中,我只报了5位数的收费,但是法总主动加到了6位数,他还极不好意思地给我打电话说,"刘律师太给力了,但是这个案件工作量巨大,律师费得再增加"。

有的法务抱着极为认真负责的态度,担心万一外部律师不尽责,万一外部律师的法律文书出现问题,那么会给公司带来不可预料的案件风险。因此对于外部律师所有的法律文书要求都要法务部门审核后才能发出。公司请外部律师就是因为外部律师主办多个案件的经验和专业程度是法务所不具备的,因此对法律文书进行专业上的审查其实并不是法务的长处,工作量很大但效果却并不明显,很多时候是细枝末节的修改,难以对案件起到真正的作用,甚至还起到反作用。有的法务甚至在诉讼的全过程中保持主导权,外部律师的一举一动都要向法务汇报,和法官的每一次沟通,怎么说、说什么、情绪如何表达等都要事先演练,这样办案就会特别累,律师就像提线木偶,没有存在感、价值感、荣誉感。

我在实践中总结了和法务相处的八字方针:相敬如宾,精诚团结。外部律师的工作可以说离开法务寸步难行,无论是哪项工作,都需要法务居中协调,跟公司领导的关系协调问题,也需要法务帮助维护，所以，法务就是纽带，是桥梁，客观上来说，为什么律师更喜欢机构客户，法务其实已经帮律师挡住了、解决了公司领导的诸多疑惑。而一旦法务与律师心生芥蒂，对整个顾问工作都会带来负面影响。尽管双方在思维、站位等方面有差异，但是共同计划是高度一致的，所以务必要密切配合，第一时间合作完成各项工作任务。我和有的顾问单位已经合作五六年，或许会伴随我全部律师生涯，我对法总的态度始终如一，为了工作，我们可以深夜加班，为了专业问题，我们可以激烈辩驳，为了长期合作共赢，我甚至会帮法总联系对接各地地方政府，提供法律加服务，寻找合作商机。

关系都是处出来的，逐步求同存异，优势互补，互相帮助，探索适合各自性格特征和公司运营模式的相处方式对公司和律所都大有裨益。

律师如何上一堂高质量的法律课

师者，所以传道授业解惑也，律师也是师，所以上课是律师的基本功。法律讲座的好处也是不言而喻的，可以让更多潜在客户认识你、展示你的专业能力、广而告之你的专业方向、展现人格魅力、结识志同道合的朋友、获取业务……太多的好处，总之是一个营销成本较低的营销方式，但是又是一个可以取得奇效的方式。

只不过，律师上课又与老师不同，我们面对的要么是同行，要么是有现实需求的客户，听课的群体要求高，甚至是比较挑剔。这也就要求我们的课必须是高质量的课，妙趣横生，引人入胜，否则就不是一堂课这么简单，甚至是直接砸了律师自己和律所的招牌。我在高校法学院、上市公司、政府机关等都上过课，结合自己的经验，分享一些心得。

一、弄清你要为谁上课

这是我们第一步必须要搞明白的问题。请律师上课的群体是非常广泛的，几乎全部的群体都有法律讲座需求，我归纳了执业以来上课的各种类型：（1）顾问单位的专项课程；（2）行政机关执法规范化课程；（3）上市公司董事局关于企业合规和刑事法律风险防范课程；（4）法学院专题讲座；（5）村居社会的普法类讲座。律师在准备课件前，必须深入了解听众群体，然后考虑自己讲什么、以什么样的讲课方式才能满足对方的需要。对律师而言，讲课中的受众意识也是一种服务意识。否则即便你口若悬河讲得再好，听众也觉得索然无味，压根不感兴趣。

二、明确你要讲什么内容

律师讲课，最核心的就是内容是否有深度和厚度，是否能解决实际问题。过于空洞的授课，哗众取宠，很难获得认可。尤其是在给同行授课时，尤其要注意这一点。否则人家花时间来听你讲了一大通他熟悉的常识，那又有什么意义。每一个群体有不同的法律需求，去社区上课，你就不能大谈投融资并购股权纠纷，最好能围绕婚姻继承等主题讲，而给大公司董监高上课，最好能围绕公司治理，诸多股权架构激励、企业合规、刑事风险防范等主题进行。一般而言，律师受邀上课大部分都是命题演讲，千万不要想当然地去做拓展，跑题是最忌讳的。你需要重点考虑的是你所讲的内容既要能让听众听懂，又能适当超出听众的知识范围和理解水平。

三、选择恰当的方法

每个律师的办案风格不同,讲课方法也不同。方法要素主要包括:讲课语言,讲课材料,表达工具,语言技巧等。我们知道罗翔老师是湖南人,他的普通话并没有那么标准,但是他讲的课却能赢得广泛好评,除了他幽默风趣的语言风格,还离不开他在讲课过程中大量引用各类经典案例。无论是什么类型的讲座,都要多举案例,多讲故事,多列数据,尤其以发生在听众身边的、最新的或者相关行业的事例为好。无论讲理论还是讲事实,都要注意分析归纳,让听众从中获得启发,受到感染。我曾受邀到某地产上市公司上刑事法律风险防范讲座,开篇就对当年度我国全部上市公司董监高被监察委留置的情况进行了介绍,在讲座的过程中还引用了十余个地产行业常见案例,都是我自己办理的案件,效果就很显著。

但凡场地允许,务必要制作一个精美的 PPT,不要低估 PPT 的效果,它能让讲座内容变得形象直观,图文并茂,易于接受,提升整个讲座的档次。PPT 的模板一般要用律所统一定制样式,这样显得规范大气。

四、注重细节做好课前准备

我个人对工作中细节的把握是很严格的,提前准备好笔记本电脑、翻页笔、转接头、充电宝、无线麦、U 盘等并为所有设备提前充好电。至少提前一个小时到培训现场,做好播放设备、音响、话筒等的调试。熟悉场地，实际走台，设计如何上下场，避免上下场出现摔跤等影响讲座效果的意外发生。提前到会场和主办方的联系人、重要领导、听众席上的同行专家做好寒暄沟通，熟悉整个讲座的议程和流程，避免讲座过程中出现故障，遭到质疑。我在讲座前一天，还会自行完整演练一次，看看究竟需要多少时间，哪些措辞还需要再次修改。讲座的机会是宝贵的，市场不会给你太多试错的机会，千万不要仓促登台，一定要做好全部的准备工作，总之，确保不出现任何纰漏。

五、活跃现场氛围，提高控场能力

律师讲课一定要高度自信，一旦站上讲台，就得唯我独尊，整个舞台就是你的，你就是舞台上的王者。学会忘我，忘掉讲不好会不会给听众留下不好印象等顾虑，脑袋里只有一件事，如何把课讲精彩，如何赢得听众的掌声。讲课基本上是独角戏，现场气氛全靠个人调动，可以根据具体情况做一些互动，当然，要尽量避免尴尬，及时圆场。

还要特别注意一个问题，课堂有纪律，讲课有底线，律师职业尤其要有高度的政治敏锐性，不能自以为是，不能信口雌黄，尤其不能逾越红线，对任何有违这方面的行为都要第一时间纠正、制止，防止讲座上纲上线，演变成重大的社会问题、政治问题。这个不是你一个人的事，是关系到客户生产经营，甚至是生死存亡的大事，绝不能怀丁点侥幸心理。

六、做好课后答疑

与法官的判后答疑一样，律师也要做好课后答疑，一般情况下，都不能一讲了之，讲完就走，要对听众在讲座过程中产生的疑问等进行解答，既可以现场答疑，也可以在 PPT 的后面附上电话、微信等联系方式，方便课后继续沟通。律师讲座的直接目的是获客，课后的交流是增进了解和信任度的必要方式。如果说讲座是初次筛选客户，那么，有课后答疑需求的人则是短期内有可能直接成为你客户的人。

在一定程度上来说，我们衡量一个律师成功、成熟的标志之一，就是讲课，看他讲什么、给谁讲、讲得多不多。所以，律师的讲课能力，再怎么重视也不过分。当有一天，你忙着给上市公司、党政机关上课时，那么恭喜你，你已经超越了绝大多数同行。

律师的时间管理艺术

时间对律师而言是真正稀缺的、珍贵的资源，一个成功的律师一定同时也是时间管理专家。

律师出售的，或者真正的核心价值，是经验与技巧，本质上来说更是时间。尤其是高级合伙人律师，每天的核心任务就是，如何充分利用好全部时间，既高效完成各类文书和协调对接工作，又能拓展新的业务来源。我把自己的时间管理方法分享给大家。

一、搭团队，分工产生效益

按照目前我收案的数量，我不可能亲力亲为办理好每一个案件，一定需要配套一个高效的团队，有出庭律师，也有辅庭律师，收费不太高、案件不够复杂的案件由团队律师办理，全面放手，包括办案以及协调对接客户，我个人仅仅提供业务指导。一定要我出庭的案件，事务性的工作全部交给辅庭律师办理，关键的出庭、文书撰写、协调对接等工作自己完成。对于团队律师的选择一定要精益求精，否则就是给自己挖坑，你要不停地补漏洞，烦不胜烦。目前我团队的出庭律师有的具有十年以上的审判和律师工作经验，完全可以胜任绝大多数案件。这样我就可以腾出大量的时间精力去做其他事情，而且案件质量仍然能够得到保障。

二、会说不，拒绝无用社交

人到不惑，如果仍然不懂拒绝，呼之则来，召之即去，参加一些毫无营养的酒局或者类似活动，说明这个人还没有认识时间的真谛，生命的意义，仍然在浑浑噩噩地虚度光阴。在参加一项活动前，我都会问自己能学到什么、获得什么，又能帮助别人什么，如果都不能，那为什么要去呢？为什么不把时间投入更紧迫、急切、高产的领域？为什么不多陪陪家人呢？

三、抓重点，集中处理大事

一些重要事项，需要集中精力花费较长的时间才能完成，例如复杂案件的代理意见和庭审准备，这个就不是可以随随便便利用碎片时间就能做好的，必须要确保足够的时间，而且最好是在无人打扰的情况下，冷静深邃思考，一气呵成完成好全部工作。而且，这类工作千万不要拖泥带水，即便真要等待他人协助，也一定要明确责任，及时对接，第一时间完成。实际上，我对自己以及团队成员有一个硬性指标，"快点，更快点，再快点"，时间就是效益、就是价值，客户心急如焚，你慢条斯理，不催不动，这合适吗？即便最终完成得很好，客户心里也会有想法。

四、分主次，用好碎片时间

时间管理，必须同时将精力、效率和事情结合起来，没有效率，徒耗时间精力的事不能做。律师出差的时间特别多，候车和坐车时间都可以很好地利用，可以把一些不那么重要的协调工作、与同学朋友间的感情联络工作、淘宝购物事项等安排在这些时间段。我个人还有一个习惯，喜欢在高铁上写东西，而且写得更快，灵感更多，写完之后随手就发给行政编辑发表。这些看似不起眼的习惯，实际上产生的效益是惊人的。我带团队，经常在吩咐任务时，说明这个事情可能需要的时间，其实也是给团队成员一些鞭策。

五、买时间，用好外包服务

我家里装修房子，储藏室还差一个柜子，孩子她妈说在网上买一个，自己装一下，反正是放在储藏室的，也不需要太好。我起初没在意，结果那天从早上九点一直装到下午五点，仍然有几个抽屉没有组装好。专业的人做专业的事，看似简单的工作，实际上却需要大量的技巧。事后我打趣说，原本二三百元就能干净利索解决的事，花了我整整一个白天时间，看似好像节约了二三百块，实际上损失巨大。律师一定要学会花钱购买时间，给自己一个更加宽松的环境，把时间用在更加高产出的事项，同时也不能让自己过于劳累。

律师在整个执业过程中都要学会舍弃，法官不能拒绝裁判，但是律师可以拒绝代理。

律师的工作量和工作压力都非常大，身体健康尤为重要，如果长期感到压力大，那就一定得及时果断调整工作节奏，健康地活着，这是时间管理的前提，健康长寿，客观上延长了你的总时间。另外，我一直在保持尽量少看手机的习惯，多喝茶、聊天，多看纸质书籍，手机里的短视频确实对人的心神是一种很大的消耗。

防止白干的五个小技巧

很多人认为，律师光靠耍嘴皮子就赚大钱，无成本，当然也无污染。所以，向律师咨询几个小问题，修改几个小合同，甚至要求律师帮忙去参加个谈判，出个律师函，这些怎么还要收费呢？这个是举手之劳嘛！

也有同行经常吐槽，又白干了一整天，陪客户从早谈到晚，喉咙都讲嘶哑了，结果到最后，客户说回去再考虑下，然后就杳无音讯了。

我个人一贯的做法是，对那些不尊重律师职业、不尊重律师劳动成果、不理解律师工作艰辛的客户直接拒绝，我始终坚持快乐工作的原则，对满满负能量的人敬而远之，绝不能因为这样的人和事，影响心态、情绪，既而耽误工作。

每一个律师都曾白干过，在不断地总结反思过程中，我提炼了以下几个防止白干的小技巧。

1. 我在忙，没有时间。总有那么一些人，高度以自我为中心，隔三差五，不分场合，不论时间，拿各种各样的问题来咨询你，甚至要求你做这做那，从来只字不提付费的事，对这样的人，你大可以坚决果断地拒绝。不要怕得罪人，要知道你面对的是一个想要一直拿你当免费法律顾问的人，你从他身上不但得不到任何回报，还会被他的事情占用各种时间精力。特别是当你已经晋升为高阶律师后，每天为如何安排行程发愁时，应对白干的方式十分简单管用，你只需要发一张律所的咨询收费价码表过去就行了。

2. 我不懂这个业务，推荐本所相关领域的专家。回复咨询既是一个充满技术挑战的事，也是一个充满风险的事。我每次都是小心翼翼，生怕弄错，给客户造成不可挽回的后果。所以，免费回答复杂问题，尤其是你专业领域以外的复杂问题，的确是损人不利己的事，你可能花费了巨额时间去研究，但是得出来不一定精准的答案，一不留神就给客户造成了较大的损失，更何况，客户的付费意愿很可能不强。所以，对不熟悉的问题，可以直接向客户推荐律师，并且明确告知其咨询是要收费的，将收费标准也一并发送过去。

3. 免费咨询以 30 分钟为限，超出请付费。青年律师阶段，案源拓展和技能提升都客观依赖大量具体事务，又想客户付费，又一点鱼饵都不想出，这样是钓不到鱼的，所以，要在防止白干和有效营销间寻找临界点。可以设定 30 分钟的免费咨询区间，在接待客户时就此明确说明，律师的时间是很宝贵的，与其犹犹豫豫地想着怎么婉拒，还不如开门见山地说明咨询收费，收费问题谈妥了才能让后续的咨询、代理流程更顺畅。在和客户约定见面时间时直接确定为某一个时间段，例如14:30~15:00，客户可能会问，怎么只有半个小时，我这个事很复杂，一时很难说清。这个时候你就得明确告知客户，超过30分钟要收取咨询费的事了。30分钟时间的设置是比较巧妙的，通常在30分钟内，已经可以基本弄清案情了，也来得及对案件作大致的分析，但是，肯定不够深入精准分析。最关键的是，在这30分钟之内，你足以向客户充分展示待人接物、理论功底、实务技能、分析提炼等诸多能力，前面30分钟你没有打动客户，后面再努力一般也都是在做无用功，大家都难受，客户对你不信任，你对客户不耐烦，互相伤害。

4. 当场收取定金，随后紧跟服务。我们经常遇到这样的场景，整个接待过程酣畅淋漓，你的分析鞭辟入里，客户对你相当认可，甚至合同都签好了，说好的第二天付款。结果，第二天迟迟没有反应，跟进一问，客户回复等等再说。我有一个习惯，对付出了相当时间、精力的接待，原则上要当场就签约付费，如果实在因为数额过大，需要筹集资金，那么，也一定要求当场支付20%的定金，当场开具发票，并在委托合同中明确定金性质。客户在支付了20%的定金以后，一般都会想方设法凑钱继续履行合同。

5. 秀肌肉，磨刀不误砍柴工。很多客户来找你时，已经找过好几家律所了，他们一直在比较，哪个律所好，哪个律师又更厉害。所以，我在接待客户时有个习惯，我会把律所的基本情况，我个人的毕业院校、任职经历、专业特长、办理案件情况等做个介绍，同时，我还会告诉他们究竟应当如何选择律所和律师。这个工作看起来好像是多此一举，但是，实践中非常管用，对提高成案率发挥了十分重要的作用，我甚至在约见客户之前，首先要客户去百度等搜寻我个人的基本情况，以便于高效交流。越是这样的情况，那些想免费咨询的人越是没有底气，他们会想，这样资深的律师，没有委托意愿，不能耽误他的时间，而真正有委托意愿的人很快就能签订合同。

随着知识付费在国内的普及，民众的付费意识也在逐步提升。面对有价值的内容，人们更愿意去付费了。作为一名成熟的律师，要不断练习和提升自己的表达能力、归纳能力、情绪渲染能力，要实体和程序并重，在与客户交流过程中，不仅能对实体法律关系做深刻剖析，而且还能对司法权的运行机制做详细介绍，对法官思维做独到解读，我想，一个真正有价值的东西，客户自然不舍得放弃。

当然，在一些时候，我们也要主动做志愿者。有一次我到某法院约见法官，在立案大厅等待期间，一个皮肤黝黑的农民工讪讪地凑过来，用一口不标准的普通话询问案件，原来是他在干活的过程中，被倒下的墙砸伤，包工头和雇主都推脱责任，医药费都没人负担，迫不得已来法院咨询。那天，我硬是花了半个多小时，详细地把鉴定、起诉流程、责任主体、诉讼请求等给他做了介绍，鉴于这类业务相对烦琐，我还为他联系了当地司法局法律援助中心。从某种角度来说，公益对律师而言，无处不在，我们还是要有法律人的胸怀和情怀，把免费咨询当成公益来做，会让我们不那么浮躁和贪婪，也能体会和感受另外一种美好。

第四章

EXPERIENCE

法官经历就是你的核心竞争力

COMPETITIVENESS

第四章　法官经历就是你的核心竞争力

在竞争日益白热化的法律服务市场，一个律师一定要形成自己的核心竞争力，为什么你能在和同行的竞争中脱颖而出，为什么大企业大集团就信任你，你有哪些亮点打动了客户。

法官辞职做律师以后，你突然发现自己在律师行业会"格格不入"，甚至备受"歧视"。加入律协各专门委员会、申报优秀律师、申请参加领航班等都有执业年限要求，而且之前的法官经历都不能折算，于是年纪大了不能参加青训营，执业时间短了不能参加领航班，更不能获得其他荣誉，有相当长一段时间你会游走在圈子外。这也就意味着除了法官经历，你几乎没有其他的拿得出手的头衔。所以，千万不要以为法官辞职做律师就一定会比从法学院毕业直接做律师更加有优势，实际上，很多优秀的律师都没有法官经历，都是一路摸爬滚打，通过不懈努力成长起来的。

而且，不是所有的人都会对你的法官经历给予正面的评价。一些同行会持明显的抵制态度，出来抢高端案源，而且是降维竞争。一些客户也会怀疑，好好的法官不当，是不是犯错误了，或者是不是业务能力太差了，在法院混不下去了。

法官经历绝不是简单粗暴地炫耀资历。实际上，相当长一段时间，尤其是在办案过程中我都尽量避免谈法官经历。一是避免不必要的麻烦，如果让双方当事人或者其代理人知道了，他们会不会产生误解，认为我方极有可能搞勾兑，进而去投诉举报；二是在职法检人员并不会因此同情，更不会刻意照顾案件，甚至反而以更加严厉的视角去审核证据。

法官经历也绝不意味着勾兑。在谈案阶段，我一般都会事先声明，千万不要认为我是从法院出来的，我就在全国各地法院都有熟人；千万不要跟我提送礼行贿的事。靠关系接案，办关系案是特别累的事，当事人提的要求远超法律规定，而一旦达不到其要求，退费事小，闹到最后可能自己都锒铛入狱。所以，案件需要跟司法人员多沟通、多协调，但是绝不能勾兑，也不能跟当事人有任何这方面的意思表示。

法官经历突出的表现是司法实践经验和技巧。当然，不是所有从法院出来的人都是业务骨干，法院综合部门的人可能对律师业务并不熟悉。但是，常年在业务庭审一线办案的法官，他们对司法权的运行模式，对案件的审理规律，对法律文书的写作技巧、对当事人心理的把握都相对更熟悉、更精通、更准确。而这些都是可以外化、量化的，通过在跟当事人研判案情、预测案件走向、撰写各类法律文书中展现出来。这就是你的竞争力，没有长年累月的审判经验是不可能有这样的能力的，这确实是无可比拟的。

法官经历还包括对法官思维的理解。法官和律师都属于法律共同体，但两者之间的张力、分歧也是客观存在，甚至在具体个案中很难调和，这个原因有很多，其中一个重要的因素就是法官思维是不同于律师思维的。律师如果能熟悉法官思维，利用好法官思维办案，往往就能多快好省地办好案件。

律师的法官思维

越是优秀的律师,越是应当下大力气去研究法官如何思考。

时常听到有同行抱怨,"某某法官徇私枉法,这样的案子他居然敢这么判,你看……"或者"某某法官业务水平真差,我在庭上反复提出被告不应当承担责任的五大理由,他一点都没有采纳"。上述现象看似是律师与法官之间对法律理解的不同,实质上是一些律师对法官裁判的方法、思维方式还琢磨不透,对司法权运行模式还缺乏了解。

那么,究竟法官思维是什么?简单地讲,就是法官如何思考。很多从学校刚出来的法科生,到律所后就跟着指导老师,凭经验与习惯办案,这样的行为模式,在处理简单常规案件时,还能勉强凑合,一旦遇到复杂疑难案件,那就会跌大跟头。

那么,法官又是如何思考的呢?律师又应当如何与法官打交道呢?

一、精准把握法理，以不卑不亢的姿态赢得尊重

法官喜欢、欣赏什么样的律师？绝不是那些唯唯诺诺的律师。我从事过多年审判工作，遇到过形形色色的律师，但是绝大多数律师都没有能给我留下多深的印象，其中有一个例外。当时我在中院民一庭，那是一起交通事故责任纠纷二审案件，很多人以为此类案由就是简单地计算下赔偿金额就完事了，实际上，这类纠纷存在许多实务难题，很凑巧，我办的那个案件就属于此类型。首先，这位律师对法律关系从学理到实务进行了翔实的论证；其次，在法庭上面对对方的咄咄逼人进行了有理有据的反击；最后，在庭后与我的沟通过程中，也充分展示了他敬业、钻研的一面，他递交了自己发表的学术论文和他向全国人大常委会的立法建议，始终保持不卑不亢的姿态。这样的律师，让人耳目一新，作为法官，不仅能从他身上学到一些专业知识，而且他的积极向上、阳光有为的一面感染力十足。案件不论胜败如何，他给我的印象都十分深刻。

但是，需要注意的是，不卑不亢绝不是不知进退，甚至胡搅蛮缠，死磕案外因素。不卑不亢一定得基于对法律关系的透彻把握，一定得对诉讼程序与技巧做到游刃有余，一定得保持彬彬有礼的基本职业修养。律师和法官之间有分歧、有冲突是正常现象，但是更多的应该是共赢，聪明的法官善于借助律师的力量实现案结事了，聪明的律师善于依靠法官的裁判实现当事人利益的最大化。

二、学会察言观色，及时提交书面代理意见及案例

法官首先是普通人，同样有喜怒哀乐，法官在案件审理过程中每一个发问都是带有直接目的性的，特别是在当前较高强度的工作环境下，绝大多数的法官办案都会直奔主题，不拖泥带水。所以，要特别注意法官的言行举止，甚至面部表情。我曾代理过一个买卖合同纠纷案件，当事人的诉讼目的是要揭开公司的神秘面纱，要求公司股东对公司对外债务承担连带责任。无疑，此类案件一般都具有相当难度。庭审之前我跟主审法官沟通情况，他表示这些年该法庭还没有判决股东对公司债务承担连带责任的案例，庭审结束后，我立即撰写了补充代理意见，专门论证为什么即便二人不是夫妻关系也应当承担连带责任的理由，并且从中国裁判文书网检索了几个案例一并提交。最后，判决结果完全如我的预期。

本案中通过庭前沟通以及观察主审法官庭审言行举止，我作出了以下判断：（1）主审法官办理此类案件并不多，涉及公司法领域案件一般都分在院机关民庭，而我这个案件是在派出法庭，主审法官极有可能对这块业务相对生疏；（2）主审法官对能否按照我的诉请下判持怀疑态度，至少是犹豫不决。在这样关键的时刻，我临门一脚就显得迫切、必要，除了提交补充代理意见，还检索并提交了类似案例，增强了法官按照我方诉请下判的底气。

请大家注意，尽管我国并不是一个判例法国家，但是，判

例，特别是最高人民法院公布的典型案例对地方法院审理案件是有指导性和参考性的，甚至一些法官在办案过程中会主动要求律师去做检索工作，提交类似案例供参考，案例是一个制胜法宝。我曾代理顾问单位一个侵权案件，涉及对轻微责任的划分问题，通过检索，我发现这家法院有法官曾经作出轻微责任达25%的责任认定，于是，我在庭前收集了云南高院、江苏高院等高级法院对此类案件的责任划分界定在不超过10%的多个判例，庭后提交给法庭。在一些小县城的法院，法官办案会考虑该院的习惯做法等因素，所以，我们要及时提交高级人民法院，甚至是最高人民法院的判例去约束和纠正他们的不当判法。案例是律师了解法官思维最直接、最有效的渠道，通过对同一类型案件裁判文书的系统研究，很容易就能总结出法官裁判思路、方法、标准。所以，我建议从法学院直接出来就做律师的同人多研究案例，这是从菜鸟律师进阶到大咖最简单、最经济的路径。

  关于法官思维，还有许多内容值得深入研究，我简单地谈三点不成熟的看法，希望能引出一些专家学者对这个问题进行系统地梳理和科学的分析。无论如何，优秀的律师应当熟悉法官是如何思考的，这样才能立于不败之地。

法官眼中的优秀律师标准

我曾在省市县三级法院工作过，也接触过形形色色的律师，但更多的律师都只是匆匆过客，没有给我留下太多的印象。做律师以后，我一直在反思，究竟法官眼中的优秀律师是什么标准？哪些律师最容易获得法官的认可？我从五个方面进行了提炼。

一、谦逊低调品格

一些年轻律师刚办案时，不敢跟法官打交道，唯唯诺诺，生怕被法官批评；还有的律师跟法官沟通时大大咧咧，认为自己毕业院校比一般的法官好，又有博士学位，赚钱远比法官多，认识的圈子比法官强，所以，盛气凌人，目空一切。这些做法都不可取。正确的做法是不卑不亢，张弛有度，这个并不是我们要刻意地迎合法官，更不是面对法官时临时做一场表演，这个应该成为自身人格成熟魅力的一种体现，作为一名优秀的律师，无论何时何地面对何人都能始终做到谦逊。

二、文字功底过硬

很多人都有一个观点，律师的战场在法庭，其实无论刑民，这个观点在大多数情况下，都已经不适用了。刑事案件认罪认罚制度推广后，绝大多数的案件，得把工作提前到审查起诉阶段就做好，庭审的作用并没有那么大。在民商事案件的审理过程中，法官一般都会要求双方当事人提交书面答辩状或者代理词，庭后，法官也确实会仔细阅读律师的代理词，所以，文字功底是衡量一个律师是否优秀的核心因素之一。尤其在办理复杂疑难案件时，文字功底强的律师格外受法官喜欢，除了常规的律师文书以外，文字功底至少还包括以下几个方面的要求：（1）可视化图表。尤其在一些复杂的公司法律纠纷案件中，用可视化图表可以高效、形象、准确地表达案件事实以及法律关系，甚至一定程度上可以说是用图表决胜法庭。（2）案件检索报告。近年来，为进一步统一法律适用，最高人民法院多次发文加强类案检索工作，法官也不是万能的，每一个人都有知识盲区，所以，对一些复杂疑难或者新类型案件，如果能制作一份夯实的检索报告，帮助法官准确适用法律，行使自由裁量权，无疑会大受欢迎。（3）其他学科专业文献整理，综述材料。很多问题并不单纯只是法律适用的问题，而是涉及多学科的综合性问题，法官囿于法科知识的局限性，无法对案件事实准确界定，所以，亟须对其他学科的相关知识做系统梳理。我曾办理一个气象行政处罚的案件，关于加油站究竟属于几类防雷建筑物的问题，我主要做了以下几个方面的工作：到南京信息工程大学当面咨询专家，并邀请其出具专家论证意见书；在中国知网下载了多篇权威论文；在上述工作的基础上，系统梳理，形成综述。当我把这些工作成果提交法庭的时候，我可以明显感觉到承办法官脸上流露出的赞许与钦佩。这个工作量很大，难度也很大，但的确是案件的核心争议焦点，对法官裁判具有决定性作用。

三、表达能力突出

有的律师经常抱怨，怎么我在庭审过程中一发言就被法官就打断，在当事人面前很没有面子，是不是法官对我有意见，故意针对。其实，这是一种错觉，从根本上来说，还是没有理解法庭辩论的任务和特点。法庭辩论不是辩论比赛，并不是所有情况下都需要雄辩，也并非在任何情形下都需要滔滔不绝，对一些常识问题，双方已经达成了一致认识的问题，一句带过即可，关键是围绕争议焦点，要件事实，一语中的，张弛有度。在法庭上，话不在多，而在于精。有时候，如果不注意归纳总结，看似洋洋洒洒，实则杂糅无序，没有重点。一定要特别注意论证方法，我习惯于先亮明观点，然后展开阐述。优秀的律师法庭辩论阶段的内容可以被法官直接引用在判决书的说理部分。所以，一定要反思，为什么我们的发言会被法官提醒、打断，是不是我们自己都找不到争议焦点，一直在外围阐述，对显然不成立或无价值的问题纠缠不已，浪费大量时间，严重影响庭审效率，又或者重复的内容太多，语言太啰嗦，甚至整个论证逻辑都是混乱的。

四、基础工作扎实

我在基层法院挂职锻炼期间，经常听院里的法官评价当地一位 70 岁的法律工作者，大家的一致意见是这个老前辈工作十分扎实，态度极为认真，办理他代理的案件要少花不少精力。这个老同志几十年如一日，凡是他代理的案件，证据必然是井井有条，序号、页码、证据名称、证明目的，一目了然。无论案件再小，必然准备了书面代理意见。

基础工作还突出地表现在庭审准备工作上，认真负责的律师要做好演练，对法官询问的问题做好预判和应对，还需要准备庭审发问提纲，主动向当事人发问。法官对案件事实的调查都集中在开庭之时，在法庭询问环节，代理人熟悉案情、有问必答，不仅配合法官查清事实，也使庭审程序更加流畅和高效。可是，有的律师一问三不知，都需要庭后核实，法官指定期间内，又没有反馈任何信息，这样的律师自然也就无法获得认可了。除了举证要注意细节以外，质证工作同样不能有半点马虎，不能简单地以不具有合法性、真实性或关联性为由一言概之，对一些重要证据，甚至可以申请延长举证期限，庭后核实后提交书面的质证意见，此外，一个优秀的律师一定要注意从对方提交的证据中寻找有利于自己一方的内容。

还有的人自以为聪明，当庭变更诉讼请求、当庭提回避申请和管辖权异议、当庭要求延期举证、当庭申请鉴定人员出庭、当庭提交新证据,这些做法都有可能导致庭审推迟,法官的工作计划被打乱,看似好像拖延了时间,给对方制造了障碍,在当事人面前炫耀了技能,但是,实际上是得不偿失的,会给法官留下不好的印象。

五、协助法官办案

优秀的法官会调动全部力量的积极性,想方设法最大化实现公平正义,律师无疑是重要的力量。优秀的律师也会竭尽全力帮助法官还原案件事实,快速推动程序,准确适用法律。擅长在以下几个方面做工作的律师最容易获得法官的青睐。

一是帮助法官建模。一些法官审判经验并没有那么丰富,遇到新问题时也会手足无措。一个合同纠纷案件,房屋买受人将开发商和物业公司一并告上法庭,理由是买受人认为房屋管道堵塞是开发商造成的,开发商和物业公司一并维修的过程中,由于不专业,拆开下水管道时没有做好防护措施,导致其装修受损。买受人是一个十分较真的人,"12345"热线打了几十遍,信访局去了几十趟,法院也很重视,先后安排了5次庭审和1次现场勘察,可是案件审理工作几乎没有推进,一直围绕一些无关紧要的工作在做无用功,浪费各方大量的时间和精力。等到第五次庭审结束以后,我专门找法官谈了自己的意见,其一本案是否考虑调整案由,按照侵权纠纷处理;其二法院是否考虑行使释明权,询问原告方是否提起鉴定,就损失范围和大小申请鉴定。法官最后全盘采纳了我的意见。这种情况就是帮助法官建立一个新的审判思路和模型，纠正之前错误的做法。

二是帮助法官归纳争议焦点。有的律师局限于自己的观点逻辑，自说自话，沉浸在自己的逻辑世界中，偏离了审判的中心，法官自然就没有耐心去倾听这些内容。而优秀的律师善于对争议焦点进行归纳总结，而且特别注意法官归纳的争议焦点，如果认为有遗漏的事项或者对自己特别重要的事项得及时补充，有效的引导庭审的走向。优秀的律师对争议焦点有足够的敏感性和准确性，不会混淆自己作为代理人与当事人本人的角色，当事人有时候在法庭上更多的是对受到不公待遇或损失的一种情绪宣泄，而优秀的律师从法律专业的角度来分析相应的法律关系，法律要件，损害后果等法律问题，能使复杂的案件变得逻辑清晰，法律要素完整。

三是协助法官准确适用法律。绝不要以为法官都是万能的，任何类型的案件都能游刃有余，实际上，即便是常规类型案件，法律适用都会有差异，甚至有根本区别。某县自然资源和规划局与某公司签订了《国有土地出让合同》，双方约定了竣工时间等，某公司在实际建设过程中，由于各种复杂的原因，没有在约定的时间内按照合同的内容完成全部项目的竣工，资规局以此为由作出行政处理，按照以土地出让金总额为基数，按照日万分之二的标准收取违约金，双方成诉。经过系统检索发现，这类案件至少有三种不同的判法：（1）直接判决撤销被诉行政行为,理由是违约责任的亦应以实际损失为基础,兼顾合同的履行情况、当事人过错程度以及预期利益等因素,根据公平原则、诚实信用原则予以衡量,而被告方无法提供证据证明其有损失;(2)撤销被诉行政行为,但是只是部分调整了违约金标准和数额,理由是一方请求降低违约金数额有事实根据和法律依据;(3)判决驳回原告全部诉讼请求,维持了被诉行政行为,理由是符合合同约定。三种判决结果可谓天壤之别,但是,一定不是说三种判法适用法律都是正确的。

总体而言,在法官看来,尊重法官、能当好法官的助手、帮助法官减少工作量、合法帮助当事人争取权益、快速实现案结事了的律师就是优秀律师;反之,给法官添麻烦添堵、故意激化矛盾、有损当事人利益的律师很难称为优秀律师。

带教实习律师的三个做法

无论多么优秀的人，总是有一个成长、成才的过程。刚进法院时，那会还没有员额制改革，法官基本都是从书记员做起，装卷、庭审笔录、送达、审理报告、裁判文书等工作一个人一条龙做到底，庭里的同事都很忙，也没有人会静下心来慢条斯理教你，成长的速度和层次主要靠自己的悟性，好在案件数量足够多，案件类型足够丰富，好法官都是案件喂出来的。

我拿到律师证以后，因为业务发展需要，立马就带了助理，执业五年后，立马就带了实习律师，我也一直在探索一条相对科学的带教路线。实际上，我曾一度十分迷茫，不知道如何更有效地带教。有了最初的经验和教训，这几年，面对应聘的小伙子小姑娘，我还是以劝退为主，特别优秀的则再三叮嘱确认坚定从事律师职业的志向后留下。在带教过程中，我也摸索了自己的一套做法。

一、全面锻炼，绝不以偏概全

有的带教老师可能会有提防心理，觉得带好了学生，抢走了师傅的业务，所以，只让他们从事某一个环节或流程的工作，甚至不让实习律师接触客户。这种心态是极不应该的。既然选择了某个实习律师，就要用人不疑，而且要对他负责，为他以后的执业铺平道路，全方位培养和锻炼他。尤其是作为律所的管理合伙人，带教实习律师也是为律所培养人才，成熟一个，独立一个，这是一个非常重要的人才引进途径。所以，我推行的是办案责任制，实习律师原则上全程参与整个办案流程，包括接待客户、制作文书、核对事实、联系法院等。作为管理合伙人，我肯定会鼓励实习律师拿证以后尽快独立，如果他仅仅只是某一个方面的技能得到了提升，他是没法在激烈的市场竞争中生存的。在这点上，实习律师和法官助理的培养是不同的，法官助理更加注重业务能力的培养，而对实习律师的培养，业务只是一个方面，更重要的是案源开拓、谈案收费。我也会经常带实习律师参加会议、论坛、饭局，对本所承办的会议，我会明确要求实习律师参与会务工作。这些经历都会为他们的独立执业打下基础，甚至对他们今后晋升合伙人也是大有裨益的。

二、严厉要求，绝不听之任之

我对实习律师的要求主要有三点：（1）你们在问带教老师

前，先仔细考虑下，你想问的东西是不是个问题，能不能自己解决；（2）提高效率，一定要快，否则你做不好律师职业；（3）文稿水平直接体现你的法理功底和实务技能，写不好律师文书，永远都成不了大律师。

很多实习律师已经是"00后"了，这个年龄的实习律师与我其实已经有了比较大的代沟，更加崇尚自由，不太喜欢被约束，也更加任性，甚至不肯花时间积极探索和思考。带教老师的时间和精力是有限的，不可能任何事项都手把手教，一个个解答，也不利于实习律师的成长，独立的分析能力和解决问题的能力如果不能得到锻炼，即便是拿到证了，他们也没法独立执业。所以，一定要鼓励和要求他们多思考，探寻解决方案。

法律事务一般都比较急，客户催，司法机关催，如果不能在短时间内搞定回复，很可能就会失去交易机会和案件成功处置的机会，律师代理业务追求的就是短平快，时间成本是律师最大的成本。所以，千万不能耽搁，拖拖拉拉的人根本不适合做律师，要尽量做到日事日毕，诸如庭审后立马提交书面代理词，或者修改后三日内提交书面代理词；收费后当即开票；法院要求补充提交的证据，紧盯当事人第一时间提交等。如何在有限的时间内，最高质量的产出，是律师职业生涯中永恒的矛盾。

本书前文中我提到过，进法院后，案头必备《标点符号的用法》和《新华字典》，我个人也特别看重写作能力，一个连标点符号都不会用的人，大抵没有受过系统的法学教育，没有办法获得我更多的关注和认可。所以，对文书的标点符号、段落层次、逻辑论证我都特别看重，每一个我带教的助理和实习律师都有因文书制作被我责备的情况，一般情况下，我会自己撰写一个版本，然后，交给他们学习比对，查找差距。对已经重点指出的错误，如果实习律师又继续在老地方犯同样的错误，我会特别严厉批评。如果一个实习律师不愿改进，不想提高，那么，带教是没有意义的，他对带教老师也是没有价值的，甚至带教老师不得不花更多的时间和精力去纠正他的错误，去挽回他所造成的不利后果。

三、鼓励交流，绝不故步自封

破除实习就是跟着带教老师做案件的狭隘的思维，实习期间能做的事很多。一是要参加各种培训学习，司法局、律协、其他机构和主体举办的各种培训和学习都要积极参加，甚至要做好发言提问准备，锻炼主动思考、乐于分享、即兴发言等综合能力。二是要参加各种辩论赛，与检察院、其他律所的人在辩论赛中一争高下，同时也能缔结友谊。三是要参加各种其他户外交流活动，登山、旅游、徒步、钓鱼、球类活动等，既锻炼了身体，又结识了朋友。我很少要求团队律师、实习律师加班工作，只要充分利用好时间，保持有序的作息，除非特别繁忙的团队，否则一般情况下是不需要加班的。四是要写作，以文会友，锻炼文字功底，结交志同道合的朋友。厚积薄发，等积累了一定的基础后，专著也就是水到渠成的事了。五是鼓励学习深造，读研、读博、读商学院，以及参加律协组织的相关境外学习课程，走出去总归是有收获，尤其是学历提升型的项目，可以说是为职业前景和多样性增加更多的可能。

总之，带教实习律师的确是一份沉甸甸的责任，对自己、对实习律师、对律所来说都意义重大。

是业务选择你，还是你选择业务

这几年，作为律所管理人，我一直在不断强调律师的专业化道路，但是，2017年刚辞职那会儿，我自己也比较迷茫。我之前在法院民一庭和行政庭都干过，还在省高院从事过刑事案件和国家赔偿案件的复查工作，从法院出来后又在纪委负责职务犯罪案件的审理工作。看起来什么业务都懂点，但是，毕竟时间都不长，而且审判工作、纪检工作与律师工作区别还是特别大的，所以，刚开始的确有点无所适从。但是，2017年刚好赶上了特别好的刑事业务形势，P2P爆雷，大量的非法吸收公众存款、集资诈骗、传销等案件涌现在市场。所以，实际上是市场需要引导我选择了刑事业务领域，我那会儿是没有资格选择行业的。

进入刑事领域以后，我惊奇地发现，相比较很多人，我的优势还是比较明显的。因为，很多知名的刑事律师，特别是公诉人出身的刑事律师，欠缺民商审判思维，在行政诉讼领域更是不足，而重大复杂疑难案件，几乎都涉及大量的民商事、行政专业问题，有的还需要其他的诉讼来保障辩护效果，另外，由于曾在纪委监察委工作过，在职务犯罪辩护方面也具有天然的优势。所以，确实轰轰烈烈地做了几年刑事业务。

但是，刑事辩护的黄金期的确比较短暂，应该也是周期性的，到了2018年下半年，认罪认罚正式入法实施，2019年下半年两高三部正式印发了指导意见，再加上刑事辩护法律援助全覆盖，市场是十分敏感的，形势很快急转直下，2020年开始，我就感觉到了凉意，从整体上来看，尽管个案的优质刑事法律需求可能仍然很迫切，但是，整体刑事业务应该在很长的时间内都会处于低谷，所以，我慢慢地筹划转型，给一些公司和其他社会组织做一些复合型法律服务，当然，刑事业务也并没有荒废。

那么，问题来了，执业五年后，我发现我的专业化道路异常艰难。主要理由就是，尽管执业时间不长，但是客观上业务来源广泛，数量较大，如果一刀切舍弃，确实需要勇气，船小好调头，船大难转弯。特别是很多案件委托人都是冲着我个人来的，带着浓厚的意愿和殷切的希望，如果生硬地拒绝，的确会伤害感情，久而久之也会影响个人口碑。所以，实际上我个人一直在专业化道路上犹豫不决，也因此懊恼不已。但是，2023年以来，我一直在努力缩减业务方向，回归刑事主线，执业五年以后，的确到了适度清空自己，对前面五年的工作做认真、细致、彻底总结、反思的时候。我想这个工作一定是有价值的，如果再不做调整，整日仍然疲于奔命，案件类型五花八门，只会越来越累，在工作中消耗了激情和对事业的热爱，倦怠感与日俱增，得不偿失。专业化对创收可能短期内有阵痛，但是从长远来看，只会越来越好。

所以，首先是业务选择了你，其次才是你选择业务，一开始是一个有什么做什么的过程，接下来才是筛选和淘汰客户的过程。

如何选定自己的专业领域

律师执业领域趋于专业化与精细化，这是目前法律服务市场的现实需要，更是未来的发展方向。但是，专业化的实现路径是一个相对漫长的过程，绝不是一蹴而就的。

专业化必须要以扎实的根基为前提。我一直有一个观点，一个顶级律师，一定是一个百科全书式的大家，如果仅仅只是懂某一个或者几个部门法，只是精通刑事或者某一个方面的案件，是称不上大师的。我们所主张的专业化道路，强调的是突出自己的专业优势，但并不代表要封闭自己，拒绝掌握其他专业知识。所以，大部分的年轻律师其实是不宜一入行就选定专业领域的，对他的长远发展反而有弊端。入行以后，你应该用心去做一些刑事案件，了解基本的辩护程序和思路；做一些控告案件，通过复核、复议、申请监督等工作，全面掌握公安、检察院的运作模式；做一些民商案件，掌握基本的代理技巧和工作流程；再跟着做一些非诉项目，通过诉讼思维避免合同条款陷阱和风险。"法律的生命不在于逻辑，而在于经验。"前期的相对混杂的工作，一定会为你的成长提供巨大的帮助。三年之后，你再开始认真地选择自己的专业化方向在哪里。专业选择，不怕迟到，但是，真的怕选错道。

那么，我们究竟应该如何选定自己的执业方向呢？

我们首先得明确专业选择策略：一主两辅。除了从检察院公诉岗位辞职的人等极为特殊的情况外（这些人精于刑事辩护，又实在不懂其他业务，选择的方向反而有限），我一般都会建议选择一个领域作为自己的主攻方向，选择两个其他相关领域作为辅助方向。例如选择税务作为主攻方向，那么可以另行选择股权、劳动人事等领域作为辅助方向，这些相关领域本身也是相得益彰的。

但是，我们在选择专业方向时，不能人云亦云，随大流，选择根本就不适合自己的领域。更不可剑走偏锋，例如钻研些国际法，空间法，或者专门去研究死刑复核，如果没有特殊的路径，这类业务你根本接不到，空有一身本事，苦无施展机会。投融资并购、建筑与房地产等领域当然属于黄金领域，可是，并不一定适合每一个人。在选择专业领域时，主要考虑以下因素。

1. 兴趣，爱好是最好的老师。任何人做自己真心喜欢的事情，都会做得很好，做律师也是这样。你在选择自己的专业方向前，最好先静下心来问问自己，到底哪个专业才是自己最喜欢的。你可能硕士是学民商的、刑法的或者宪法与行政法的，但是，你在选择执业方向时，不一定严格按照所读专业来圈定范围。实际上，如果选择一个自己不喜欢的领域，即便在物质上获得了一定的回报，也只会越来越乏味，工作带来的快乐无法弥补心灵的损伤，工作时间越长，你可能越会怀疑人生的价值。所谓兴趣，一定是通过自己的实践和经历去确认的，而不能只凭借过往的认知与想象。比如，很多法科学生往往并没有通过实习或者担任律师助理等实践了解律师行业的工作现状，而是通过一些书籍或影视作品，甚至是坊间传闻了解到律师行业光鲜亮丽的一面，并希望成为跟他们一样的人。那么，当真正接触这一方面的工作内容后，会因落差而感到无法接受。这里所说的兴趣，是要经过一段时间全面充分融入职业以后得出的感悟和认知，而且很有可能是多次更换赛道后的选择。但是，要特别注意的是一些年轻律师在工作初期会觉得某个业务领域的工作与自己预期不相符，便开始试着换其他的专业方向，如果不行继续再换，导致在每个方向领域都浅尝辄止，无法扎根成长，反而错过了最佳成长时机，这个是比较遗憾的。

2. 专业。近年来有一个趋势，一些一线城市招考法官助理，会特意注明不招法律硕士，在法院系统有一个观点，本硕都是学法律的人法律功底更扎实，能更好地从事法官职业。但是，在法律服务市场，我倒是并不认为单一学科背景就一定会比"半路出家"的人更有优势，反倒是，一个具备建工、知产、医疗、互联网等专业知识，或者曾在这些行业工作多年的人，再从事律师行业，更加容易融入行业，获得客户信任。所以，如果你的外语能力特别好，那你可以在国际法律业务甚至在涉外刑辩业务占据一席之地；如果你有专利代理人资格，那你对知识产权保护领域会有专长或者独到的见解；如果你的财务或税务知识储备丰富，那你在企业上市、重组并购等领域就具有较之其他律师擅长的技能。你在选择专业时，务必要从自身实际出发，把自己的优势发挥到极致。

3. 机会。偶然性的因素在很多时候都会起到决定方向的关键性作用。我刚做律师的时候，认识一个纺织行业龙头企业的一把手，我们相见恨晚，他非常热情地带我认识了很多企业家，这就是一个很好的契机。一些律所在发展过程中会有战略调整，例如，一家主要做非诉的律所，发展过程中经常遇到客户有刑事辩护和控告需求，但是，又苦于没有人才储备，这个时候你能够加入弥补律所在这方面的短板，果断地给自己贴上刑事律师的标签，这就相当于全所律师都是你的案源渠道，很快就能破局。再如，一家规模所在知产领域一直缺领头人和团队，如果在这样的背景下，以团队形式整体加入，无疑对自身的发展是极好的机会。机会很多，但是如果固守成规，不懂变通，机会摆在那里你也看不见。

4. 市场。不去研究法律、政策、科技等的变革，固守自己的一亩三分地，这个不叫专业化，这个叫冥顽不化。当前的法律服务市场的确可以用瞬息万变来形容，一是法律服务细分领域越来越多；二是消费者获取法律服务的方式在迭代；三是法律服务需求在消亡和新增；四是某些法律服务的地域性和时段性特征显著。毫无疑问，市场的需求是确定每个律师业务发展方向的重要因素，如果一名律师确定的发展方向没有市场需求，你个人再优秀，也会无人问津。

但是，在寻找、发现市场的时候，要把握以下几个注意事项：一是这个市场需求是客观存在的，而不是想象出来的，而且一定得有规模，不能只是一锤子买卖，这个不是市场；二是市场需求是变动性与稳定性相统一的产物，有些法律服务市场比较稳定，有些则带有一定的风向性，与政府、政策、科技等原因密不可分，例如房产企业爆雷，一下子增加了很多票据纠纷，市场对懂票据律师的需求突然就爆发了，在这样的背景下，我们就可以专门去研究下票据问题，争取在这轮趋势中占有一席之地；三是市场需求可以创造，而不是被动的等待，引导客户消费法律服务是优秀律师的潜质；四是在这个市场领域内，你要有人脉上的支持，要有人带你入行，否则市场在那儿，可你永远都进不去，只能在圈子外面徘徊；五是对于市场的判断，要有超前性与预见性。综观世界上律师的发展史，都是伴随着经济发展的潮流而起伏的。因此，律师要准确判断市场走向，及时储备知识人脉。

通过上面的分析，我们可以得出一个结论：选择专业领域，要因人而异，因时而异，即便选定了一个或者几个领域，也并不是一成不变的，要随着形势的发展而调整和转变。

刑事律师的专业化实现路径

不是所有的人都适合做律师，更不是所有的人都适合做刑事律师，刑事律师具有其独特的素质要求，只有那些对刑事辩护热爱，具有执着的精神，有一定勇气的人才能够更好地从事刑事业务。但是，一旦选定执业领域，紧接着就是专业化实现路径的问题了。客观地说，在诉讼业务领域，刑民行专业化道路的实现路径是存在较大差异的。这几年，随着认罪认罚制度的推进和法律援助全覆盖制度的落实，刑事案件当事人和家属委托意愿大幅降低，数量急剧下降，并且案件收费较低，案件类型也发生了很大的变化。再加上职务犯罪调查体系的改变等诸多因素的影响，传统意义上的刑辩业务的空间已备受挤压，刑辩业务的范围实际上是越来越窄。同时，委托辩护的当事人对辩护律师的要求越来越挑剔，对其专业化程度的要求越来越高。这也就在客观上要求你的专业化道路必须是一条有特色的，别具一格的专业化道路，这样才能在竞争日趋激烈的刑事法律服务市场杀出一条血路。

一、进入专业的团队，找到负责的老师

很多年轻人都不愿、不敢选择刑事作为自己的执业领域，除了刑事执业环境敏感、复杂以外，一个最重要的原因就是刑事业务，不是靠读几本书、听几堂课就能学会的，他需要丰富实践经验为基础，而且一旦犯错可能就断送了职业生涯。所以，你可以选择去专业刑辩所，或者去大所的刑事团队，这些地方有充足的刑事案源，你的专业技能可以得到很好的历练，更重要的是，往往这些地方有十分优秀的刑事律师，勤学勤思勤问，你可以快速成长。我建议优先选择团队带头人或者骨干律师有从司法机关刑事条线辞职的团队，这些人对刑事司法权的运作模式，对检察官、法官思维有精准的把握，在专业化的道路上会少走很多弯路，避免毫无意义的试错。当然，还有一个细节问题要注意，就是得获得这些人的认可，他们得愿意向你倾囊相告。

在选择团队时，还要特别注意该团队的制度化建设和运行模式，有的大所刑辩团队实行的团队统一受理案件委托、统一商谈价格、统一分配案件、统一跟踪案件质量、团队化办案、办案律师A角+B角、封闭办案，以及在操作流程和操作标准上实行的当事人风险告知、收案谈话笔录、辩护工作计划、案件进程表、大事记、工作记录、办案质量调查表等做法，这些都是为了把工作做到极致，对你的快速成长有十分重要的作用。

二、到最优质的圈子，交最坦诚的朋友

刑事律师有一个非常重要的案源渠道，那就是同行介绍，有的刑事律师甚至主要业务都是来自各地同行的介绍。因为刑事辩护和控告在很多时候，对抗性强，敏感而复杂，当地律师反而不太方便代理，相比之下，外地律师可以更加洒脱地办理案件，很有可能这一辈子也就在这个法院办一个案件，没有那么多的顾虑和掣肘，所以，一些案件的当事人和家属也更加倾向到外地去请律师。当然，我代理外省市的刑事案件，通常都会建议家属到本地请一位辅助律师，可以第一时间去看守所会见，向被告人介绍案情，征求其相关处理意见。

当然，结交优质的圈子，并不是说天天在各微信群天南海北地聊天和加人，而是指积极参加刑事业务有关的讲座、论坛、研讨会、培训，通过参与这些活动，学习他人的先进做法和理念，展现自己专业、敬业的良好形象，争取合作机会。我认识一个从新疆法院系统辞职到江浙发展的律师，新疆与浙江两地相隔真可谓万水千山，可以说他之前的工作带来的人脉资源几乎没有太大的意义，到浙江后，他表现得异常活跃，无论是在律协组织的活动，还是某些规模所对外开放的讲座和论坛，都能看到他的身影，而且，每一个活动，都可以看得出来，他来之前是做过细致的准备工作的，一有发言机会，他就会积极阐述自己的观点，入木三分而彬彬有礼，一下子就让人刮目相看。天道酬勤，短短的两三年时间，他就崭露头角，业

务做得风生水起。

等到你成长为律所合伙人，律协刑委会负责人，甚至是律协会长、副会长时，你自己还会主动举办、承办、协办各种论坛、研讨会。不管怎么样，刑事律师更像江湖侠客，更需要有江湖传说。

三、写最务实的文章，出最精辟的书籍

很多人都会说，刑事律师要么在谈案收案，要么在会见协调，平时办那么多案件，那么多琐碎的事项，哪有时间写文章呢？再说写文章又有什么意义呢？如果停留在这样的认知层次，那很可能一辈子都只是一个默默无闻的小律师了。

为什么三大诉讼，刑事案件的律师叫辩护人，其他案件的律师叫代理人？因为刑辩律师的主要工作就是为自己的当事人辩护，主要面对的是代表公权力的公诉人。而作为一个刑辩律师，能写会说是最基本的要求。最能体现一个刑辩律师的价值的，是在500人甚至更多人的法庭上，慷慨激昂地为当事人做辩护。这个辩护的过程就是你价值充分体现的过程，也是你个人能力和水平对外展示最关键的时刻。如果缺乏扎实的写作功底，辩护词一定言之无物，索然无味。所以，养成勤写文章的习惯，会为你承接全国性大案奠定基础，也正是在你日复一日辛勤写作的时光中，不经意间你已经蜕变、升华。

你可能会担忧，之前在学校或者其他工作单位都没有写过太多的实务文章，写作功底不够扎实，写的东西会贻笑大方。

没有人天生会写作，只要刻意去练习，写作水平也是可以提高的。年轻律师一定要给自己定适度的目标，每周或者每月要写多少篇文章，长期坚持，受益无穷。千万不要给自己的懒惰找借口，你想成为舞台的核心和焦点，就得付出比常人数倍、数十倍的努力，没有人可以例外。

文章和书籍对刑事律师的影响是长期的、根本性的，法律服务市场目前已经彻底变成一个买方市场，当事人有太多的选择空间，特别是重大案件，他们是不会随便选择辩护律师的，一定会详细了解律师的毕业院校、经历、文章、书籍、曾经办理过的类似案件等信息。一个著作等身的律师，无论是竞争力和溢价能力都是普通律师无法媲美的，你可能办一个案件的创收就可以比得上其他人办十几个、几十个案件。

四、拓宽知识面，做复合型大家

专业化绝不等于故步自封，不是说刑事律师就不需要去关注股权、税务、行政权力、合同基本原理等；相反，优秀的刑辩大家，一定是一个百科全书式的人物。而且，精细化的刑事服务，刑法、刑诉法相关知识只是基本要求，更需要学习了解相应领域有关的专业知识，拓宽自己的知识面。例如，办理破坏环境资源犯罪案件，就得熟悉相应的环保知识和环境资源方面的知识；办理税务类刑事案件就得熟悉有关税务知识；办理刑事合规业务，就得对涉案企业经营管理的流程以及相应的业务知识有一定的了解。只有这样，才能更快、更准确地找到案件的辩点。

从当前市场反应来看，当事人都希望自己的辩护人是复合型律师，能够从不同角度提处理建议，不至于解决一个问题，需要另行聘请其他领域的律师。从司法实践的现实情况来看，尤其在合同诈骗、串通投标等案件中，单一的刑法知识是很难一站式搞定案件的，公诉人和法官也会特别欢迎和欣赏能够全方位剖析案情，从不同法律关系做专题论证的律师。

刑事律师要敢于给自己贴标签，要把你自己或团队做得好的地方，和其他人不同的地方，总结出来，固定下来，展示出来。有了标签，别人更容易识别，更容易找到你和你的团队。尤其是在当前整体刑辩环境并不那么理想的情况下，坚定不移地走自己的专业化道路，不要对刑事业务的前景有任何质疑，只要坚持不懈做下去，一定能够守得云开见月明，笑到最后。

民商事案件一审庭前准备的七大要点

庭审能力是衡量和评价律师优秀与否的最重要因素，不少年轻律师都有畏庭思想，不知道法官会怎么指挥庭审，提哪些问题和要求，也不知道对方当事人及代理人会有什么样的操作，甚至由于自身准备工作不充分，对案件事实掌握不够清楚，给法官留下不好的印象，大幅增加自己的工作量。法庭对律师而言，相当于舞台对演员，台上一刻钟，台下十年功，我结合法官经历，提炼了七个方面的要点供大家参考。

一、与法官（助理、书记员）确定有关决定庭审能否按期举行的事项

有的律师去外地开庭，结果在快要到达目的地的高铁上，书记员打电话过来，因各种原因取消庭审；还有的律师私下暗暗叫苦，对方当庭提反诉，或者当庭申请专家鉴定人出庭，导致庭还没开始就延期；还有的律师没有仔细看传票内容，兴致勃勃赶了几个小时去开庭，没想到是宣判，判决书电子送达，

这种传票仅仅只是法官为案卷装订用的，各方当事人都可以不去。为什么会出现这样的问题，归根到底还是对诉讼程序熟悉程度的问题，是对司法权运行模式把握度的问题，一味地猛打猛冲，会导致很多无用功，做律师会感觉特别累。对外地庭审案件、重大复杂疑难案件、敏感案件，为确认庭审是否如期举行，我一般都会做好如下几项工作。

1. 提前两天跟书记员电话确认庭审是否正常进行，或者在人民法院在线服务上私发信息进行确认。外地案件路途较远，一些案件都需要提前一天到达所在城市，如果坐了五六个小时高铁，刚找个酒店住下就被通知庭审取消，这种体验确实是糟糕透顶了，律师最宝贵的就是时间，就是机会成本，在一个案件上耗费巨额的精力，这个是律师无法承受的。

2. 提起反诉或者确认对方是否要提起反诉。依据《最高人民法院关于适用〈中华人民共和国民事诉讼法〉的解释》第232条的规定，在案件受理后，法庭辩论结束前，原告增加诉讼请求，被告提出反诉，第三人提出与本案有关的诉讼请求，可以合并审理的，人民法院应当合并审理。可见，民事诉讼中的反诉提出时间为案件受理后，法庭辩论结束前。当然，一般情况下，法官特别反感当庭提反诉的行为，这就意味着至少还要再开一次庭，增加各方的工作量，所以，无论我们是代理原告还是被告，原则上都要在庭审前就确定是否提起反诉。

3. 确认诉请是否要增加。依据《最高人民法院关于民事诉讼证据的若干规定》第53条规定："诉讼过程中，当事人主张的法律关系性质或者民事行为效力与人民法院根据案件事实作出的认定不一致的，人民法院应当将法律关系性质或者民事行为效力作为焦点问题进行审理。但法律关系性质对裁判理由及结果没有影响，或者有关问题已经当事人充分辩论的除外。存在前款情形，当事人根据法庭审理情况变更诉讼请求的，人民法院应当准许并可以根据案件的具体情况重新指定举证期限。"所以，如果代理原告，务必提前将变更诉请的书面材料提交法院，以免对方要求重新指定举证期限，延误庭审；如果是代理被告，从策略上来看，针对当庭增加诉请的对方当事人和代理人，可以要求新指定举证期限，让他们为工作不认真、不主动付出一定的成本和代价。

4. 确定是否申请专家鉴定人出庭。申请鉴定人出庭作证同样应当在举证期限届满前提出，但是，司法实践中，对鉴定意见争议非常大的案件，或者原告方是医疗损害责任纠纷、健康权纠纷等类型案件中长期上访户的案件，即便是这些人当庭提申请，要求专家鉴定人出庭，法院一般也会准许，所以，对这类案件，可以提前打电话联系法官，请他们跟对方联系下，确定是否申请。

5. 提前书面邮寄或者通过人民法院在线服务线上提交证据材料。无论代理原告还是被告，提前提交证据材料都是基本的要求，搞证据突袭只会给自己新增工作量和不必要的麻烦，对方不仅可以申请庭后核实后再质证，而且还可以就此部分事实申请补充提交证据。诉讼需要技巧，但是期待所谓的小聪明去翻盘那就有点天真了。

二、了解合议庭组成人员的基本信息

我办案有这样的习惯，对重大案件一般都会提前对合议庭组成人员进行初步的背调，主要做两个方面的工作，一是通过百度等搜索下他们的职务情况、毕业院校、照片等，二是类案检索，看看他们之前办理的类似案件是怎么裁判的。

这项基础工作看似意义不大，其实在一些时候具有重大价值，我们可以通过对合议庭组成人员，尤其是承办法官的初步了解，进而有针对性地调整自己的工作策略。例如，针对年龄较大，即将退休的老法官，可能其并非科班毕业，法律功底不一定很扎实，如果案件复杂，则要特别注重法律关系和法律适用的论证。

此外，庭前核实合议庭组成人员也是决定是否申请回避等事项的重要依据。

三、打磨案件事实

弄清案件事实，是律师代理工作的基础和前提。向当事人了解案件情况，如果能当面，那就不远程，如果能当天，那就不择日。了解案件情况的范围包括：主体情况、纠纷原因、事实经过、诉请内容等。既要有全面性，又要有重点和针对性，通过主动提问，积极引导当事人围绕案件重点进行有效沟通。在实践中，当事人也有可能会隐瞒对其不利的重要事实，所以，向当事人了解案件情况，不仅要听其言，还要审查相关资料。两者相互结合，同时进行，以利于提高沟通效率。必要时，还要制作资料清单，要求当事人限期提供。一定要把厘清事实作为重要工作来抓，庭前不准备，庭审就被动，对法官的问题一问三不知，都需要庭后核实，也会给法官留下不好的印象，相反，在庭审过程中对法官的问题对答如流，一定是个极好的加分项。

对案件事实进行全面梳理后，要精准归纳案件的无争议点和争议点，有助于参与庭审人员可以更快、更明确地获得本案的关键信息，站在法官的角度来说，这样也可以让法官看到律师的专业性和逻辑性。其中可以概括的争议焦点可以有事实争议、证据争议、适用法律争议等，当然，在二审过程中还会有原审审理程序是否合法的问题。诉讼最大的魅力在于不确定性，如何确定争议焦点是决定案件胜败的重要因素，有的时候，把握了案件的争议焦点就抢到了案件的主动权。请求权基础固定后，通过明确基础规范、分析构成要件并确定要件事实，接下来就是要整理案件的争议焦点并加以固定。庭审过程中，法官也会根据原被告双方的陈述和答辩来归纳争议焦点，律师要大胆进行补充和纠正，这也是一个引导法院思维的过程。

法律事实有时候与客观事实相差甚远，甚至截然相反，律师能起的作用远不止留声机。

四、调查取证或者申请法院调查取证

调查取证是所有案件都必须经过的步骤，尤其是在相关证据欠缺的时候，律师更需要把握主动性，这不仅能够看出律师的敏锐度，更是律师对案件的责任和态度，也可以影响法官对于律师的专业度的判断。

证据收集完毕以后，要编制证据目录，详细说明证据的来源和证明目的，要有编号、有页码，便于说明和查找。对于一些材料众多的复杂案件，最好制作一些可视化的法律关系图、事件演变的时间图等，以最直观的方式，让法官最快接受你的观点。

对证据进行归纳总结后发现，一些证据对于己方相当重要，但是在律师无法取得此种情况下，必须考虑向人民法院申请调查取证，或者申请调查令。需要注意的是，目前各地对调查令的行使有不同的规定，有的地方不仅一定要求出具调查令原件，而且要求至少两名执业律师到场，并且同时出具律所公函、介绍信等。还有的地方，银行系统是不向律师开放的，调取流水信息必须由法院工作人员前往。调查取证是个细致活，有时候为了一份证据，辗转数千里，其中艰辛可见一斑。

还有的案件，可能需要申请证据保全，这样的情况要及时向法院提交申请书，以防关键证据灭失。证据对于诉讼的成败相当重要，所以律师要相当重视对证据部分的收集与整理。

五、与当事人充分沟通

区分不同案件，决定是否要求当事人本人出庭，对案件事实争议较大，还原难度大的案件，要说服当事人本人出庭，尽最大努力通过其自述争取法官的支持。有时候，当事人自己一番话所取得的效果，远比律师长篇大论取得的效果好。另外，因为缺乏证据，案件事实难以查清，很可能会对己方不利的情况下，有必要申请法院拘传对方当事人出庭，尽管目前的民商事审判实践很少有法院会据传当事人出庭，但是，有的法官在庭审中也会释明，如果本人第二次庭审仍不出庭，法院很可能作出对其不利的判决。

律师在开庭前一定要和当事人联系，提醒当事人要准时到达法庭并携带身份证，尤其务必要准备好证据的原件。律师在和当事人沟通时要针对法庭中的注意事项、庭审纪律，以及对方或法官可能提出的问题进一步地做好沟通和准备，以打消委托人出庭的紧张感，最后还要提醒当事人，如果律师在法庭中陈述的事实有错误，一定要及时进行纠正。

聪明的律师会把当事人当作优秀的出庭助手，在事实澄清和情绪渲染等方面发挥重要作用，同时，当事人到庭，也能更加直观地观察律师代理工作的繁杂、细致，即便将来案件败诉，也更加容易能获得其理解。

六、法律检索和类案检索

优秀的律师,不仅要有法官思维,还要有对方思维,一宗案件对方当事人或律师会如何主张、反驳、抗辩,法官会从哪些方面着重调查审理,裁判思路是怎样的,是庭前必须把握的事项,这就离不开庭前准备之必不可少工作,法律检索,这也是律师必须掌握的基本技能之一。我有一个习惯,代理原告的案件,在起诉状中就列明法律依据,具体到条款。代理被告的案件,也会在代理词中详细列明法律依据,并且系统论证。但是,社会实践纷繁复杂,法律渊源种类繁多,更新速度快,在很多时候,法律适用都是极为复杂的问题。除了法律和司法解释以外,律师还有必要对最高人民法院的规范性文件,地方高院的会议纪要、规范性文件,地方政府规章和地方性法规等做梳理。甚至,在一些新类型案件中,还有必要做综述,将目前的理论研究成果做整理,同时将权威专家的论文打印后提交。作为一名专业的律师,未经详细全面最新的检索,切勿轻易对法律问题或案件作出判断,毕竟没有调查就没有发言权。即使之前解决或处理过类似的法律问题或案件,也应对自己的判断做最新的核实。

类案同判是近年来我国司法改革的一项重要内容,2017 年《最高人民法院司法责任制实施意见(试行)》明确规定了"类案与关联案件检索"机制,要求案件承办法官依托办案平台、裁判文书网等系统,对类案和关联案件进行全面检索,同时制作类案与关联案件检索报告。2018年出台了《最高人民法院关于进一步全面落实司法责任制的实施意见》，要求各级法院应建立类案及关联案件强制检索机制，以确保类案裁判标准和法律适用的统一。2020年7月最高人民法院发布了《关于统一法律适用加强类案检索的指导意见（试行）》从实体与程序共同规定了案件承办法官检索类案和制作检索报告的义务。律师的判例检索工作同样十分必要，从某种程度上来说，也是在帮助法官准确适用法律，防止冤假错案。一份全面翔实的检索报告，会增强法官下判的勇气和决心，在司法实践中，有的法官还会主动要求律师制作类案检索报告，各方共同努力，全面掌握各地法院对同类案件的处理结果。类案检索报告尽量庭前就提交，可以便于法官理清审理思路，归纳争议焦点，当然，类案检索是个技术性很强的工作，也是年轻律师必备技能，建议进行专题学习，后文将专门分享我在这个领域的一些技巧和方法。

七、准备书面质证意见、书面发问提纲、书面代理词

有的案件证据材料较多，而且证据复杂，质证意见也就复杂，在庭审过程中口头表达会耗费较多时间，影响庭审进程，书记员如果记录不全，也会影响案件走向，所以，对这类案件，可以提前准备书面质证意见。还有的案件，因为对方当事人当庭提交证据，庭审质证意见表达不充分、不细致，庭后可以补充提交一份书面质证意见，对之前的质证意见进行修订、

完善。

有些专业、技术上的问题，可能会有专家证人或熟悉相关技术的辅助人员出庭。因此，就我方当事人关心的问题，需要准备一份向对方当事人或专家证人、辅助人员提问的大纲。发问大纲需要考虑提问的方式方法，目的是通过有技巧的提问，澄清一些对我方当事人有利的案件事实；在澄清事实的过程中，引起法官对相关事实的关注，并适时请求法官对一些重点问题向证人主动发问，促使证人尽可能客观地陈述或说明事实，以争取有利于我方当事人的庭审效果。相对地，在接受提问的时候，控制住局面对代理律师而言也不是一件容易的事，需要在庭前做好充分的准备工作，有的时候还需要对法律以外的专业知识提前研究。

我还长期坚持了一个办案习惯，无论案件大小，都会准备代理词，简单案件庭前准备好，当庭提交，复杂案件庭后根据庭审情况围绕争议焦点修改后提交。因为法官都非常忙，每个人承办案件的数量都很多，庭审结束后，因为法官案件太多了，并不一定能够清晰地回忆起庭审情况，又得重新翻阅材料，所以，一份书面的代理意见就十分重要了。

律师的庭前准备工作，不仅是执业水准的体现，更是执业态度的体现。庭审准备不细致、不认真的马大哈律师，一定会付出惨重的代价，而专业、细致的庭前准备工作，为律师赢得的不只是案件结果，更多的是法官的认可和当事人的信赖。

类案检索报告
——让法官说服法官

类案检索报告对律师而言的重要性是不言而喻的，在许多情况下，一个漂亮翔实的检索报告决定了案件的成败，通过制作检索报告，也是年轻律师快速实现专业能力提升的一个捷径。我当法官时，特别在处理一些新类型案件、复杂疑难案件时，特别希望律师能够提供类案检索报告，帮助思考，避免错案风险。

法律法规白纸黑字，不容辩驳，而司法实务却庞杂繁复，实务中常常涉及案情复杂、法律关系错综、适用法律存在争议、学术界对司法观点持有不同的学说、法官拥有一定自由裁量权的案件。这种情况下，律师仅仅靠刻板套用法律法规，难以厘清案件中模糊暧昧的法律关系，难以分析复杂的争议焦点，更是难以预判案件的走向、风险及结果。此时，进行类案检索，在前人累积的实务经验中寻找司法实践的规律、研读法院说理部分对争议焦点的法律分析、洞察司法裁判的倾向性态度，就如同得到"高人指路"一般，会事半功倍地让律师找准正确方向，更加清晰地把握案件的基本走向，更加有的放矢地为委托人进行精准有效的主张或抗辩。正如王泽鉴先生所说的："在个案里寻找法律原则，从事案例比较研究，发现活的法律"，司法案例来源于生活，案情各不相同，诉讼过程变化莫测，司法案例是法律及理论得以切实发挥、具体体现的实际用武之地；案例检索是律师洞察、理解实务中法律之灵活适用的最重要、最可靠、最值得参考、最能启发灵感的线索之一。

我国虽然不是判例法国家，但是统一法律适用标准、力争"同案同判"却是我国司法领域不断提倡与努力完善的要务，在这样的司法环境中，类案检索的正当性、有效性、重要性、参考价值及影响力也在不断得到重视和认可；同样地，对于类案报告的构成要素、行文格式、提交方式、检索范围等方面也出台了愈加严格、日渐统一的要求与规范。最高人民法院于2020年7月15日印发《关于统一法律适用加强类案检索的指导意见（试行）》（以下简称《试行意见》），进一步推动了类案检索机制的规范化、制度化，又于2020年9月14日发布《关于完善统一法律适用标准工作机制的意见》（以下简称《意见》），全面归纳了人民法院实现法律适用标准统一的路径与方法，其中明确要求承办法官做好类案检索和分析，并以参照指导性类案作出判决为大原则，存在"同案不同判"的可能情况时审慎研究。作为最高人民法院发布的指导全国法院审判工作的"司法指导性文件",《意见》及《试行意见》为律师类案检索工作提供了法律后盾,并作出指导性的意见与要求,是律师应当参照遵循的重要文件。

响应文件精神,提高工作效能,律师应当不断精进、打磨案例检索能力这项基本功,而体现类案检索功力的最直观清晰的方法便是形成书面类案例检索报告。一份清楚明了的类案检索报告可以在办理案件的各个阶段起到不同的助力作用:在案件评估阶段,类案检索报告可以促进团队快速交流研讨,从某一类型案件的司法实践情况及主流裁判意见,提取出案件核心要点、帮助客户初步判断案件风险、更加有针对性地开展收集证据等诉讼前期准备工作;在案件代理阶段,类案检索报告可以作为代理意见的一部分,向法院补强己方的主张和观点,为法院提供分析争议焦点、作出公证裁判的参考依据,从而更有理有据地为委托人争取更多应得的合法权利;甚至在结案之后,类案检索报告也可以经过润色成为一篇精练而"干货满满"的专业文章,在为律师做个人宣传的同时,为后续类案提供可借鉴的、具有一定指导意义的实务经验。虽然在案件不同阶段针对不同对象的类案检索报告在内容详尽度、格式规范度、分析深入度等层面存在一定差别,但是制作一份合格的类案检索报告应经历的检索路径是一致的,报告应具备的基本要素也是缺一不可的。下文将根据《意见》及《试行意见》,针对案件检索及类案报告,结合自身从业经验,围绕"检索什么""怎么检索""如何撰写检索报告"三个务实的问题,为律师进行类案检索工作总结一些想法与经验。

一、检索什么

（一）明确检索目的

在进行类案检索前，律师必须明确检索的目的。这就要求律师通过与委托人的沟通及对案件材料的审查，对于待决案件的案情、案由、责任主体、主要法律关系、主要诉请、可能适用的法律法规等案件基本情况进行梳理，初步地对于案件潜在争议焦点、诉辩观点、法律适用等案件要点形成概念雏形，形成一种比法律直觉更具象、比案件分析更模糊的初印象。不同执业经验的律师所形成的这种印象的准确程度肯定不同，有经验或办理过同类案件的律师对于案件的判断可能非常准确，而执业初期或是从未接触过同类案件的律师对于案件的预判则可能与实际情况、案件结果存在较大偏差，甚至大相径庭。遇到的案件让律师感到比较陌生，甚至无从下手，都是很正常的情况，那么在这个阶段就应该借助案例"泛检索"去熟悉类似案件。所谓"泛检索"就是在案件类型陌生、检索目标不明确的情况下，对类似案件的扫盘式检索，检索内容可以是大案由、案情事实、主体身份等案件背景信息，也可以是律师对于案件比较陌生或困惑的部分。"泛检索"的目的是通过对类案的概览，逐步将检索内容的范围"由大到小"进行缩限，逐步排查筛除无关信息，形成对于案件更加准确的初步判断，校对检索方向，辨识出值得聚焦的"检索目的"。

比如，一个从未办理过行政案件的律师，要研究有关"行政协议违约"的案件，那就需要检索"行政协议""违约""违约责任"等泛泛的关键词，去概览相关案例，去了解此类型案件的背景；概览之后，律师可能会逐步筛选出的类案普遍问题包括：（1）"行政协议"与"民事合同"的区别除了合同主体之外是否还有其他标志；（2）民事合同所适用的利息或滞纳金上限的规定及违约金调整的规定是否同样适用于全部的行政协议；（3）行政协议的违约金应与行政机构权利范围内的罚款性质如何区分；（4）行政机构违约的情况和行政机构相对人违约的情况，法院审查的要点及裁判的态度是否有所不同等。律师可以套用这些共性问题去逐一审视待决案件，对案件形成更全面、更准确的理解。通过比对待决案件与"泛检索"结果之间的异同，律师可以将检索目标更加明确地瞄准在其中的某几个问题上。针对这几个问题，如果案件材料有模糊不清之处，律师需要进一步询问委托人，获取确切的关键事实；如果法律关系或审理要点仍存在较大难点和困惑，律师可以通过百度、微信公众号搜索专业文章，获取进一步线索，这样做的意义是，判断检索方向有没有错误，判断要检索的问题是否是影响案件结果的关键问题。

"泛检索"这一步能做到"锁定一两个检索目的"或是"校对出基本准确的检索方向"就足够了。当然，"泛检索"不是每个案件检索都必备的前置程序，只有在律师对案件没有把握，无法在第一时间确定检索方向时才需要进行。确定检索目的后，类案检索将更具针对性，后续分析也更有逻辑和层次。

（二）明确何为类案

律师必须对"什么是类案"有宏观的认识，才能进行恰当的检索。就像世界上没有两片相同的树叶，案例与案例之间也存在着各种差异，直接决定一个案例是否具有参考价值。对于认定案例之间是否"类似"，《试行意见》第四条就作出说明，列出认定案件"类似"的三个考察方面：基本事实类似，争议焦点类似，法律适用类似。事实类似的标准并不要求案件的所有事实都类似，只需要关键事实相似即可。关键事实系指，（1）待决案件与检索的类案都能抽象出来的相似法律事实；（2）能直接指向双方的争议焦点和法律适用分歧的事实。律师切忌将"案件事实"相关的检索关键词定义得过于琐碎、狭窄，从而错过部分在争议焦点和法律适用上有重要参考价值的案例，也不应将相关检索范围设定得过为宽泛（即未准确锁定关键事实），导致检索结果无法滤除争议焦点、法律适用不一致的"伪类案"。

案件争议焦点和法律适用类似是识别类案的必要标准。对待决案件而言，类案的意义在于其裁判理由与裁判结果的可参考性，而裁判理由及裁判结果则主要围绕"争议焦点"和"法律适用"开展。同一案件事实可能存在多维度的不同争议，不同的争议焦点所指向的法律适用也可能相异，因此仅案件事实类似显然不足以构成类案，待决案件与检索案件争议焦点及法律适用也类似,才对解决待决案件的裁判分歧具有参照意义。

例如,两起案件均是劳务派遣情形下用人单位违法解除劳动合同,劳动者要求支付赔偿金的案情。第一起案件双方争议的焦点是实际用人单位的认定,第二起案件中双方均认可用人单位系劳务派遣公司,但是对于赔偿金的计算年限存有争议。两起案件虽案件事实相同,但争议焦点、法律适用不同,第一起案件的裁判对于第二起案件的裁判无参考意义,故即便两起案件事实相同,也不属于有检索价值的类案。

此外,律师还需要鉴别出"事实类似"的案例的法律适用是否具有一致性,通过审查法律适用是否存在共性,甄别出对裁判结果有实质性影响的"关键事实"。有时检索案例的事实及争议焦点都高度重合,但是请求权法律依据(即法律适用)且存在差别。请求权法律基础通常由作为"权利来源"和"救济来源"的相关法律规范构成,其中"权利来源"为原告请求救济的民事权利的法律出处或合同依据;"救济来源"为原告的民事权利被侵害后其选择的救济手段的法律出处或合同依据。类案检索中应当分别审查鉴别,从众多表面事实类似的案例中剔除"伪类案"。

比如,案例1公司高管违反公司章程中的竞业禁止义务,给公司造成损失;案例2公司高管违反公司章程中的勤勉义务,给公司造成损失。以上两个案例的案由都是"损害公司利益纠纷",案情都是高管违反公司章程致损,争议焦点集中,两个案例的"权利来源""救济来源"均包括《公司法》第一百四十九条，即损害赔偿请求权。然而，案例 1 因高管从事竞业禁止活动属于《公司法》第一百四十八条第一款（"权利来源"）规定的禁止情形，原告可以依据《公司法》第一百四十八条第二款（"救济来源"）主张"归入权"，即主张将涉案高管违反竞业禁止义务所得的收入归公司所有；而案例 2 的"权利来源"系《公司法》第一百四十七条，故不符合《公司法》第四十八条的适用条件，不得主张归入权，只能主张损害赔偿。因此，案例 2 的裁判对于案例 1 而言，参考价值有局限性；针对案例 2 比案例 1 多出的请求权（归入权）法律依据，需要另寻其他法律适用类似的案例作为参考，进一步研究诸如"归入权"与"赔偿损害请求权"是否存在竞合等法律适用问题。"关键事实类似"要求案例所能概括的事实背后的请求权基础具同一性，通过比对不难发现，"违反竞业禁止"才系指向法律适用依据之区别的"关键事实"，应脱颖于其他事实，作为检索的关键事实。在这个关键事实上，两案例不存在共性，类案属性较弱，参考价值有限。

（三）类案范围及效力优先级

根据《试行意见》第四条，类案检索的参照效力按如下顺序依次递减：（1）最高人民法院发布的指导性案例；（2）最高人民法院发布的典型案例及裁判生效的案件；（3）本省（自治区、直辖市）高级人民法院发布的参考性案例及裁判生效的案件；（4）上一级人民法院及本院裁判生效的案件。其中最人民法院发布的典型案例包括公报案例和不定期发布的有关特定事项的典型案例（如涉疫情典型案例），公报案例检索的优先级应仅次于指导性案例。《试行意见》该条还明确规定，除指导性案例以外，应优先检索近三年的案例或者案件；已经在前一顺位中检索到类案的，可以不再进行检索。

除规定的四类案件之外，最高人民法院和省（自治区、直辖市）高级人民法院经常选编具有典型性的案例发布于其主办（主管）刊物上，如最高人民法院主办的《法律适用》《中国审判》，上海市高级人民法院主办的《上海审判实践》，这些案例有的并不直接以典型案例的形式发布，但都经过严格筛选，其参考性应高于其他一般生效案件。

律师进行类案检索时，应以《试行意见》为参考，按照案例的效力级别、时间远近依次检索。需要说明的是，《试行意见》旨在指导各级法院的审判工作，并不是所有类型的个案都能找到上述四个范围内的类案，因此律师在向法院提交类案时，提交上述四个范围之外的普通类案也是具有参考价值的，尤其是符合时间、地域双重"就近原则"的类案。

二、怎么检索

类案检索的宏观意义、基本原则、检索范围并不难理解，但许多律师在实务中还是苦于缺少一份"操作说明书"，对于检索工具、检索路径、检索步骤都没有形成一套固定统一的系统。律师检索案例的难点通常落脚于：如何选取关键词、如何使用检索工具、如何筛选案例、如何突破检索不到类案的僵局等。在这里笔者不妄提出普遍适用的"检索指南",更何况每个律师都有自身的工作习惯,笔者仅能从自身执业经验出发,就"如何检索"提供一些常用、基础、便捷的方式方法,为律师检索工作中的常见问题提供一些解决方案。

(一) 选择检索工具

俗话说"工欲善其事,必先利其器",案例检索工具的选择直接影响到检索工作的质量。目前市场上常见的检索工具有中国裁判文书网、北大法宝、威科先行、Alpha 等。其中,中国裁判文书网是最高人民法院公布裁判文书的官方网站,权威性毋庸置疑,最适合作为向法院提交类案的来源,但该网站也存在大多数官方机构网站常见的问题,如登录步骤烦琐、系统维护频繁、加载速度慢等,时常造成检索不便,不适合用于广泛的案例检索。一个高效的解决办法是律师可以先使用其他速度更快、更稳定的平台进行广泛检索,查询到具体案例后,再使用中国裁判文书网进行核查及具体文书下载。

在广泛检索的时候,大多数律师比较常用的工具是北大法宝,该平台是东方律师网的官方检索平台,对执业律师免费开放大多数权限,数据全面,更新及时,操作便捷,是律师能免费使用的权威性兼便利性综合表现最优的检索平台。下文,将以北大法宝的操作使用为例,阐述如何高效利用检索工具锁定关键词进行检索。

（二）关键词的选取

通过关键词检索案例是最直接、最普遍也是最基础的一种案例检索方式，但关键词提取也是常常令新手律师感到困扰的难题。对于案情复杂、法律关系不清晰的案件，首先需要归纳总结案件事实，锁定对应的法律问题和争议焦点，在此基础上才能提取正确的关键词。

比如，当挂靠的实际施工人与发包人之间未形成事实上的建设工程施工合同关系，且发包人对挂靠事实不知情的情形下，挂靠的实际施工人能否直接向发包人主张工程价款？首先，该案件涉及实际施工人与被挂靠人之间的挂靠协议、被挂靠人与发包人之间的建设工程施工合同两层相隔离的法律关系，被挂靠人是连接两个法律关系的中间介质。实际施工人是被挂靠人的债权人，被挂靠人是发包人的债权人，在被挂靠人怠于行使债权时，案件涉及的法律问题本质上可归纳为代位权之诉。经过简单案例检索，问题就会缩限到"实际施工人向发包人提起代位权之诉的条件及法律依据是什么"，目光也会随之聚焦到《最高人民法院关于审理建设工程施工合同纠纷案件适用法律问题的解释（一）》第44条："实际施工人依据民法典第五百三十五条规定，以转包人或者违法分包人怠于向发包人行使到期债权或者与该债权有关的从权利，影响其到期债权实现，提起代位权诉讼的，人民应予以支持。"将案件事实涵摄于法律规定之中后，就会发现问题进一步落脚于：被挂靠人并非法条明文规定的可被代位的债权人,诉讼中实际施工人可否代"被挂靠人"之位向发包人主张债权?被挂靠人怠于行使工程款债权的认定标准是什么?债权是否到期的认定标准是什么?等等。用这些问题对案情及证据情况逐一审查,即可明确争议焦点,从而可能提取的关键词包括"被挂靠人怠于行使""实际施工人……代位权之诉"等。

多数时候,案件的争议焦点都较为明了,律师在检索时可以直接根据案件检索目标确定关键词。关键词的选取水平是律师的法律功底强弱、检索能力高低的直观表现,选取的关键词越精准,检索到的案例可用性越高。关键词的选取有以下常用方法,需要根据待决案件的自身特点去因地制宜地选择使用:

1. 在待决案件的案由范围较宽泛时,使用"案由 + 争议焦点 + 案件标志性信息"作为关键词。

有些细分案由对应的检索结果范围精准,甚至只输入案由就能够找到可用的类案,然而有些辐射范围宽泛的常见案由则需组合搭配案件标志性信息作为关键词组一起检索,才能快速、精准地缩限检索范围、聚焦于类案。案件标志性信息既可以提取自关键事实、也可以提取自争议焦点。

比如,房屋租赁合同纠纷就是一个较比宽泛的案由。在北大法宝案例检索页面设定该案由,并将审判机构地域限定为"上海市"及"最高人民法院",所显示的检索结果共有146667个案例。假设待决案件的基本案情是商场向出租人出租商铺,房屋租赁合同约定以商场总体达到一定比例的"开业率"作为承租人起付租金的条件，双方履约过程中就该租金起付条件是否成就/何时成就产生争议。那么，除了保持案由及地域设定外，还应当同时限定的案件标志性信息的关键词包括取自案件事实的"开业率"及取自争议焦点的"起付"或"开始支付"等。在北大法宝案例检索页面，同时限定案由、地域并键入关键词"开业率"，所显示的检索结果一下子减少到了172个案例。再添加"开始支付"或"起付"等争议焦点关键词，可检索到的结果就集中到了9个案例。可见，"案由+争议焦点+案件标志性信息"这样的关键词组合，在需要快速从众多同案由案例中缩限检索范围时，尤为有效。

2. 从检索到的案例中获得启发，提取更确切的关键词。

通常而言，类案检索并不是一步到位的动作，而是不断深入挖掘和研究的过程。通过对类案的研读、对比和归纳，律师经常会在检索过程中追根溯源，或是发现新线索，从而定位更精准的争议焦点。

仍以上文中的房屋租赁合同纠纷为例，在将"案由+争议焦点+案件标志性信息"作为关键词入手检索的过程中，律师不难发现检索到的案例之争议焦点集中于开业率的计算方法、开业率达标的起算时间及持续时长、开业率未达标的违约后果等。如待决案件在开业率的计算标准确存争议，那么，律师可以从类案中提取到的新关键词包括"计算开业率""比例""未达到开业率""商铺数量""总数量""开业面积""总面积"等。用新提取到的关键词进行深入检索，裁判观点中存在的分歧即会显现：租赁合同约定不明的情况下，主流裁判观点以商场开业的商铺数量占比认定开业率，少数观点以商场开业面积比例作为认定标准。此时，律师就可根据待决案件的合同约定及涉案商场实际的开业情况，从符合条件的类案中提炼出能够为己所用的司法观点、判决说理、法律适用依据等。

3. 当待决案件法律适用依据明确且具有"唯一性"时，可尝试从对应的法条中提取规关键词。

有些案件绕不开某些法律条文的适用，实务中不乏案情与法律条文"一对一"的情况，此时律师可以直接摄取该法律条文中的表述作为检索关键词。这种检索方法在诉讼双方对"以选用的法律条文作为判决依据"没有争议，但对法律条文的含义及具体适用有不同理解的案件中尤其有效。

例如俗称的"砍头息"对应《民法典》第六百七十条："借款的利息不得预先在本金中扣除。利息预先在本金中扣除的，应当按照实际借款数额返还借款并计算利息。"故从法条中提取的关键词即为"利息预先在本金中扣除"或"预先扣除利息"。再如，生活中常见的"跳单"行为对应《民法典》第九百六十五条："委托人在接受中介人的服务后，利用中介人提供的交易机会或者媒介服务，绕开中介人直接订立合同的，应当向中介人支付报酬。"可见"跳单"在法条中的规范表述系"利用中介人……绕开中介人"。

诸如此类法律适用指向性极为直接、明确的案情，很少存在确定法律依据时存在争议，因此从法条入手检索无疑是最确凿的捷径，再以常规方法在案件事实或争议焦点中选取关键词，就不免有些舍近求远了。即便不提取关键词，而是直接键入法条，也可获得较为有针对性的检索结果。

提到从法条中提取关键词，就不得不分享北大法宝的"法条对应案例"功能。在北大法宝检索主页用"法律法规"检索功能锁定任意法条后，法条下方就会自动显示全部关联的"司法案例"，直接点击即可一键查看所有适用该法条的案例。利用该功能检索法条对应的案例，能够避免出现事实和争议相同、法律适用不相干的"伪类案"，是类案检索的操作捷径。此外，点击法条下方的"智能发现"，可以查看到法条相关的司法解释、最高人民法院对于法条适用问题的答复及通知、法条在司法实践中的适用争议等，能够为待决案件的法律适用问题提供一键式索引。

4. 从标志性证据材料入手提取关键词。

有些类型的案件包含具有共性的证据材料，律师可以选择该证据作为检索关键词。比如"借名买房"纠纷案件中，争议双方通常会签订"房屋代持协议"，该标志性证据就很适合作为该类案件的检索关键词。

5. 关键词的转换与排列组合。

案例检索过程中，律师可以多尝试关键词的同义替换、反义词和排列组合来扩展能被检索到的案件范围。目前多数法律数据库尚不能实现智能语义检索，北大法宝在检索首页虽然可以勾选"同义词"，但该功能也并不智能，因此关键词与检索到的裁判文书中的词语是严格一一对应的。但是不同的法官对同一问题的表述习惯有所不同，常混同使用"合同"与"协议"、"显名股东"与"名义股东"这样指代对象一致、表述不一的同义词，这就需要我们对关键词进行同义转换。同义转换可以是将一个小概念转换为一个外延较宽的大概念（反之亦可）；也可以是直接用同义词替换；或是如上文列举的，将俗语替换为规范的法律术语。关键词的排列组合是检索中的惯常打法，如前述"案由＋争议焦点＋案件关键信息"的方式。但要注意单次检索的关键词不宜过多或过于琐碎，还应当利用检索工具按照逻辑层次，在不同的检索层级输入不同的关键词，精准定位。

此外，诸如"有效"与"无效"等反义词组有助于进行案例反向检索。如检索目标是找出佐证待决案件中的某类合同有效的类案，那么通过搜索"合同无效"等关键词，就可以找到该类合同的各种无效事由，从而实现证明"不涉及该等无效事由的待决合同属有效合同"的检索目的。

（三）充分利用数据库的高级检索功能

选定关键词并且进行必要的排列组合以后，我们可以得到初步检索结果，若检索到的案例数量仍然较多，接下来可以使用检索工具的高级检索功能逐步缩限检索范围，提高检索精度。

1. 按逻辑层级逐层筛选

像多数案例检索平台一样，北大法宝自带逐层筛选功能。

免费版的北大法宝"高级检索"页面的筛选条件（检索项标签）就多达 20 个，包括案件类型、案由、案号、法院级别、审理法院、审理程序、当事人、裁判日期、文书种类等，筛选时要有倾向性地根据选择项的重要性逐层添加，避免限定过多条件，导致检索结果太少。通常普通案例检索常用的标签及逻辑顺序是确定案由以后，依次筛选案件类型、审理地区、裁判日期。其他选项标签依据检索目的及待决案件的特征，视情况添加即可。检索到的案例数量和质量会即时反馈出筛选条件是否合理适度，律师可以随之调整。

2. 定位检索、反向检索

在北大法宝首页进行检索时，在单次检索结果呈现以后，可以在已出现的结果中输入逻辑层次更递进的关键词，点击"结果中检索"，进行二次筛选，排除无效案件；检索到具体类案案例后，在案例页面还可以再次搜索更精确的关键词，并选择在正文中"标亮"显示，或是直接依次定点跳转到正文带有关键词的段落，一目了然直指重点。

在北大法宝"高级检索"页面的"全文"一栏下拉列表可以直接选择将关键词查找范围限定在裁判文书的某一具体段，可选择的段落包括"审理经过""诉讼请求""本院认为""审理结果"等。凡有些办案经验的律师都对判决书这些段落大致涵盖的内容有所了解。例如，欲了解法院对某一争议的观点，可将检索范围限定于"法院认为"部分；欲查找案情相同的类案时，可将检索段落限定于"法院查明"部分；欲检索到支持己方观点的判例时，则可直接将检索段落设定为"裁判结果"部分。使用定位检索的同时，结合前述关键词排列组合方法，在同一位置中查找多个关键词，往往事半功倍。使用关键词组合检索时，注意不同的关键词之间需要使用空格隔开。

当我们输入关键词检索时，关键词可能因延伸较广会连带出现大量具有无关情节的案例，或是因对应范围过于片面而需要补充或是替代，这时律师可以通过在各逻辑层级的检索条件框选择"不含""并且""或者"等表示互斥、并列或择一的逻辑条件，自由地在检索结果中排除掉无关案例或是允许案例共享、兼容某些信息，实现反向检索、兼容检索。比如，欲研究"业主在小区车库摔伤"一案的案由及裁判观点，可在"全文"范围内键入关键词"车库""物业""小区""摔倒"等，并勾选"并且"作为连接词；再在"案由"搜索框键入"违反安全保障义务纠纷""物业服务合同纠纷"这两个可能的案由，并勾选"或者"作为连接词。这样，检索到的结果就是该两个案由下包含"车库摔倒"这一案情的案例，通过对比案例，可以确定更符合或更有利于待决案件的案由。假设检索结果中存在大量"业主自身原因或未尽注意义务"这一与待决案件案情不符的情节，那么就可以在"全文"检索框添加"不含"条件，并键入关键词"自身原因"或"注意义务"，将包含这一无关情节的案例从检索结果中过滤淘汰。

受制于文章篇幅与目的，北大法宝的众多检索功能及使用方法不便一一介绍，只能通过浅述最基础、最常用的一些功能，解析这些功能底层的设置目的及其对应的"物尽其用"的运用场景，共同探讨如何最大效能地利用这些功能缩短检索路径、提升检索效率。何况随着科技的进步，检索工具日新月异，检索功能愈加强大与智能，律师同行们只有掌握了底层的检索逻辑及规律性的检索方法，并在实务中不断摸索与练习，才能驾驭科技，使之更充分地服务于日常检索工作。

（四）类案的选取

上文提到，律师进行案例检索时，可参考《试行意见》，按照其认定的案例效力次序和时间、地域的远近依次检索、摘选案例，下文将不再就"如何按案例效力排序选取类案"进行赘述。事实上，大多数检索工具在键入检索内容后所显示的类案结果就是自动按照《试行意见》的效力位阶及时间顺序排列的，不自动排列的检索工具，也大多可自行筛选检索范围，手动设定排序方式。

需要注意的是，法律法规和政策性文件会依据社会发展、群众意见、实践效果等因素不断更新或修订，在商事、金融等一些特殊领域，相关法律法规发生变化的频次可能更高。规定的更新会带来裁判依据的变化，影响判决结果，即便是三年内的类案，也可能存在因法律依据变化而产生的裁判差异，因此选择案例时一定要注意相关案例的时效性，对裁判所依据的规定是否有效进行确认。北大法宝会直接在法律法规的标题下方将其效力标注为"现行有效"、"已修订"或是"失效",以方便律师查看。如相关依据已经被修订或失效,或政策有所调整,则类案的裁判结果将无法适用于新发生的裁判案件。例如,《民法典》生效之前的案例就无法对"合同违约情形下精神损害赔偿的裁判标准"提供参考价值。

类案案例的选取除了需要考虑案例效力及时效性外,还需要根据类案检索报告面向的不同对象进行有所侧重的案例取舍。《试行意见》反映出法院采纳类案时的大原则,但是不同于审判人员,律师身份自带明确的立场导向,律师在向法院提交类案时,无须面面俱到,应当着重筛选、强调有利于己方主张的案例。这一点显著有别于向委托人提交的类案检索报告内容。面向委托人的检索报告应当客观说明案件风险,有利的和不利的类案都应当呈现,提供全面分析。

(五) 突破检索僵局

并非所有检索都能顺利找到适合的案例。在检索陷入僵局时,应先反思是否对案件存在理解错误,回头重新仔细梳理案件事实,关注事实层面上的细微差别,待决案件与检索案件事实层面的差别时常就是检索僵局的突破口。若确认案件事实及对案件的理解均无偏差后,可以放宽关键词的范围或者减少关键词。如仍无法检索到类似案例,则可以在检索结论中如实说明,并转向检索相关学界观点、学术研究、宏观法律等予以弥补。

实务中完全检索不到有利类案的情况甚少发生，更多时候，检索工作遇到的困境是检索结果不理想、类案裁判说理"不对症"等情况。笔者曾在研究"游戏主播违反竞业限制跳槽"的合同纠纷案件中，试图找到支持"案涉两游戏平台不属于竞品"的相关判例，但数十个检索结果却无一提及这个问题。于是，笔者只得转而检索其他案情、甚至其他案由下的判决中对于"竞品属性"认定的广泛说理，用以佐证两游戏平台不符合竞品特征。所幸的是，笔者的这一观点及说理得到了法院判决的采纳。在之后的主播违法竞业限制跳槽类案件中，不乏律师和法官将该判决作为类案参考并引用了笔者当时的观点及说理。可见，在找类案共性的同时，也可以将检索无门的"不同之处"作为突破口，切勿让对于类案的过分依赖抹杀了律师"举一反三"的创造力。

（六）做好检索过程中的留痕

一份正规全面的检索报告应当体现检索路径，因此在检索过程中，律师就需要保留检索时设置的限制条件及关键词，需要记录不同检索条件所对应的案例数量及范围。如何检验检索路径的保留是否到位呢？如果其他律师能够通过报告中显示的检索路径还原检索过程、复制检索条件后能得到相同的检索结果，那么检索痕迹的保留就是到位的。换言之，只有保留路径才能使检索结果具有可验证性，可验证的结果无疑是最确凿、最可信的。虽然要求每一次大小案例检索都保留全部检索路径是不现实的，但是律师应该尽量养成这样规范的工作习惯、至少是应该形成这样规范的工作意识。

一个更基础、更实用的留痕工作是在检索过程中将可用的类案判决书及时下载保存，并对文书的重点段落作出高亮等标记。边检索边对类案进行整理、文件命名、排序，甚至汇总出类案概要表格，能为正在进行的检索工作理清思路，更会使之后的检索报告撰写事半功倍。

三、如何制作检索报告

参照《试行意见》第8条对承办法官制作类案检索报告之构成要素作出的明确规定，律师制作的案例检索报告应包含的内容主要有检索主体、检索时间、检索目的（包括概述待决案件案情，阐明待研究或待证明的问题，释明本次检索的意义）、检索方法（包括检索工具、检索条件、关键词等）、检索范围及采纳原则、案例概要表格、检索结论、判决书原文附件等。撰写检索报告的意义在于从多个零散案例中梳理出共性并形成观点，因此，类案报告基础要素中最值得讨论的部分就是用来整理案例的案例概要表格和用以输出观点的检索结论了。

检索结论是案例检索报告的精华，是对待决案件分析或裁判具有重要参照意义的结论性表述称的观点。笔者习惯将检索结论前置（置于检索主体、时间、路径、检索目的等说明性信息及案件背景信息的后面），方便阅读者在阅读之初就能清楚地掌握要点，能提高阅读效率及针对性。笔者通常给出检索结论的大致段落结构为:"经检索,裁判观点 A 系××类型案件的主流观点,判决理由包括××,但在××情形下,部分裁判观点 B 认为××。本案属于×××情况,故观点 A 的参考性更强,但因××理由,存在认定为观点 B 的风险。"结论末尾,可以添加承上启下的句式:"报告从检索到的××个可用的类案中,按照××原则,提取观点 A 的类案判例××个,观点 B 的类案判例××个,下文将对 A、B 两个观点及相关判例进行梳理、分析。"

检索报告的主体部分可以按"观点+论据+论证"的类似论文的结构形式呈现。其中"观点"是指从检索到的类案案例中所归纳、提炼出的司法裁判观点,可能是集中的一个观点,也可能是相左或有所差别的多个观点。"论据"即指该观点对应的众多具体判例和裁判说理。"论证"是指律师需要阐明提交的检索案例与待决案件的共性,解释类案对于待决案件的具体可参照性、参照意义、参照方法及理由。检索报告正文的每段可以以观点作为首句,以论据概要作为段落内容,以论证分析作为收尾。

我通常会直接以案例摘要表格作为论据部分。案例摘要表格是案例检索的"可视化"呈现,直观地将检索到的案例进行整理、归纳和分类,展现裁判观点的共性和分歧。案例摘要表格中应具备的要素包括序号、案号、审理法院、裁判时间、类案与待决案件的相似性、与检索目的相关的裁判要旨、评注等。案件的排列顺序可以是时间顺序或法院层级顺序,也可以是符合律师提交检索报告目的的其他逻辑顺序，但应予提示说明。案件序号应当与附件中判决书原文的案例排列顺序一致。有了这份案例检索汇总一览表，即使阅读者不看附件中的判决书原文，也能迅速找到检索成果的关键信息，提高效率。笔者惯常制作的检索报告的主体部分（不包括开篇的信息类要素、案件概览、检索结论等段落）结构如图1所示。

观点 A 认为 XXX（展开阐述），案例如下：

序号	案号/法院	与本案之共性/区别	法院说理/判决结果	评注

综上，因待决案件属于 XXX 情况，且不存在 XX 情形，与上述 XX 类案极为相似（展开阐述类案与待决案件的异同，解释类案对于待决案件的具体可参照性、局限性及理由），故认定为观点 A 的可能性较大。

司法实务中，亦有观点 B 认为 XXX（展开阐述），案例如下：

序号	案号/法院	与本案之共性/区别	法院说理/判决结果	评注

综上，待决案件因 XX，有可能被认定为观点 B，但观点 B 的案例判决时间大多晚于观点 A，从裁判趋势上来看，更多法院采纳观点 A（展开阐述类案与待决案件的异同，解释类案对于待决案件的具体可参照性、局限性及理由），因此待决案件需要在 XX 证据上进行补强（展开阐述风险规避方式等），避免被认定为观点 B 的风险。

注：表格案例均以 XX 顺序排列，序号与附件判决书原文对应，可作索引。

图 1　检索报告示例

上面，我用了较大的篇幅详细地介绍了类案检索报告的做法，当然，可能有同行做法更加高效、实用，但无论如何这是一个优秀律师的必要条件，是许多案件的致胜法宝。律师在执业生涯中要办理形形色色的案件，不可能全部都是常规的、熟悉的案件，都只是简单地按照三段论就可以得出答案，更不是法庭上口若悬河,一番夸夸其谈就能说服法官采纳自己的观点,而检索报告实际上是请其他法官一起说服本案法官,这显然事半功倍。

如何让法律顾问单位对你痴心绝对

律师行业有一句话："无常法不稳，无诉讼不富。"对刚辞职的法官，由于受竞业限制，短期内不能出庭，诉讼业务受限，但是，并不影响开拓和维护常年法律顾问单位。实践中，有的律师手里头同时有几十家，甚至上百家法律顾问单位，而有的律师不仅很难开拓业务，而且连现存的法律顾问单位都留不住，往往签一年合同，到期后就不再续签了。开拓法律顾问单位和维护法律顾问单位是两码事，能常年续签一定是需要持续的付出并拥有丰富的技巧。

一、全面融入，不留死角

合同签订以后，我们首先要做的就是企业法律体检，千万不要嫌弃这个工作烦琐耗时，这个工作是律师融入企业经营管理方方面面的重要途径，为今后的顾问工作打下扎实的基础。而且，客观上来说，这项工作的难度并不大，很多律所都有规范化的法律体检产品，一项项去调查核实，收集信息就行。如果通过法律体检，能够发现企业生产经营中的问题，甚至整个经营模式都有合规问题，并为之提供科学的解决方案，这个会让顾问单位刮目相看。

二、建立档案，全程留痕

为每一家顾问单位按照年度建立档案的价值巨大，一是原本各政府机关、国有企事业单位法制条线就有考核要求，对律师的年度工作会有检查要求，建立档案的话，可以第一时间就对全部事项进行反馈，让顾问单位更加清楚律师的工作量和工作难度，有的律所甚至在每次合同期满后都提供一大本履约情况记录，因为在提供常年法律顾问的过程中，很多内容公司领导是不知晓的。如果能形成书面记录，并且定期汇总分类与分析，通过这些工作内容，让公司领导了解律师在一段时间内都做了哪些工作，企业存在的潜在风险都有哪些，相信公司领导对你会更加满意；二是法律顾问的维护团队相对固定，但是总会有律师离职，如果有档案则通过查询档案可以很顺畅地交接工作，方便接任律师尽快熟悉和开展工作；三是通过查询档案可以更加全面地考虑问题，避免考虑不周全给顾问单位带来不必要的损失。

三、授课培训，不拘内容

稍微大点的顾问单位我都会建议每年给公司高层或者全体职工上一堂法治课，很多公司也会主动提要求，对上课的时间和主题等都有明确要求，甚至直接是"命题作文"。如果是多年的法律顾问，那就得每年更换不同的主体，选派不同的律师去授课，授课的内容一定要围绕企业生产经营过程中的法律规范和风险进行，当然，这些年越来越多的企业对刑事合规、刑事法律风险防范、监察调查等感兴趣。精心准备课件，听课的人都是你的潜在客户，法律顾问的工作就是一场没有硝烟的战争，比诉讼出庭更加精彩。

四、及时响应，专业回复

我一般每一个单位建立一个固定的微信群，日常事宜均在群中商量，其他重大、敏感，或者涉及商业秘密和个人隐私的事项则私聊。对客户的法律咨询或者其他事务，一般情况下，简单问题当场回复，复杂问题 24 小时内回复。反正要件件有着落，事事有回应。注重反馈是律师的优秀品格，且更容易促进与企业之间的沟通，赢得企业高管的信任。甚至，有的时候我半夜还在跟各单位的法总沟通一些紧急事务。但是，千万不要不假思索，想当然地去回答客户的咨询，我们每一个人都有知识盲区，遇到拿不准的问题，一定要通过查找资料，询问同事或者其他专家，尽量提供详尽、准确的答复，树立你在客户面前专业的一面，律师的基础能力一定要扎实，比公司的人力资源或相关负责人更加专业，否则客户根本没有请你的必要，你也找不到自己生存的土壤和空间。一旦客户质疑你的专业能力，那续签合同的可能性就会大幅降低。需要特别指出的是，专业绝不只是法条，绝不只是书本知识，每一家公司都会特别注重解决实际问题的能力，领导往往对能够在法律之外提供解决纷争的思路更加看重。

五、中立履职，独立思考

连续服务几年以后，律师对公司高层，甚至许多普通员工都比较熟悉了，但是，公司内部股东、高管等之间也是有矛盾的，在他们发生激烈的冲突后，千万不要随意站队，帮助一方去整另外一方，而应该客观中立地提出处理意见，尽量息事宁人，平息矛盾。同时，在企业与员工发生利益冲突时，律师必须站在企业一边，我在很多的授课场合都明确了这个问题，直接跟全体员工阐明立场。

六、严守秘密，拒绝违规

法律顾问在履职过程中，会知悉形形色色的商业秘密和个人隐私，无论何种情形，一定要严格保密，绝不能泄露出去，更加不能出售获利，这样可能给客户带来的损害大到你无法想象。另外，在服务上市公司、企业集团，以及政府单位的过程中，还有可能有人会利用你的关系、资源、影响力，要求帮忙协调事项，这个也是很危险的事，千万不要因小失大，捡了芝麻丢了西瓜。一定要牢记，客户再大，你仅仅只是提供法律专业服务的人，千万不要飘飘然去做一些乱七八糟的事。当然，与顾问单位的领导和员工之间正常的人情往来是必不可少的，一起吃吃饭喝喝酒，逢年过节上门拜访，平时赠送自己的专业文章和专著等。法律不是冰冷的，律师更加不是冷酷的。

七、始于法务，终于商务

法律顾问的尽头一定是商业，我们虽然是专业的法律服务者，但最终我们提供的服务应该不止于法律，我们最终是要帮企业做大做强。我多年前就反复强调法律加服务概念，高端律师除了诉讼经验和技巧，一定也是掌握优质商业资源、地方政府资源的群体。未来的世界也将会是生态链与生态链之间的比拼，所以，我们在为企业服务的过程中，促进顾问单位之间多多合作，促进顾问单位之间的商业机会，最终的目的，在合规的基础上，帮助企业发展壮大，这是我们法律顾问服务的最终目标。我这几年还做了不少商务考察和招商引资工作，对接各地政府的事项，每年都会带顾问单位去走访江浙沪等地的县区一级政府，就土地出让优惠、税收减免等招商事宜进行协调，企业对直接能够产生巨大经济效益的事项，很显然远比诉讼止损感兴趣得多。

现代律师的法律服务已经远不限于传统的法律服务领域，对于企业而言，好的律师可以参与企业决策，可以协助企业更好地建立现代企业制度，可以更合理地设计企业运行机制，可以更稳妥地消除企业内在矛盾，可以帮助企业更快做大做强、提升竞争力。同理，如果有机会可以陪顾问单位共同进步，共同成长，你可以见证一家独角兽企业的腾飞。这个也是人生中的一大幸事。

那些年你踩过的坑

纵使做过多年的法官,历练过无数的案件,法律服务行业的陷阱仍然会让你防不胜防,好在吃一堑长一智,也就是在不断地吃亏和吃苦过程中,在交纳不菲学费的基础上,实现了从稚嫩到成熟的转变。

放心,费用不是问题

这个是很多当事人在找律师时都会讲到的话,总有那么一群人,向你请托事项,问你这个问你那个,指挥你做这个做那个,甚至要你去打听案情,一谈到费用,满口答应,费用绝对没问题,你尽管放心大胆地去做,不会亏待你的。结果是你劳心劳力,费尽心思把事给做好了,最后谈到收费的问题,他会给你一百个无须支付费用的理由,那一刻的心情,岂止是惆怅能形容。每一个律师都吃过这样的亏,到后来,再遇到同样的说辞和情景,我一般都会慢条斯理地告诉他们,亲兄弟明算账,我是以此为职业的,签合同付费后再办事,明码标价,童叟无欺。

放心，后续费用不是问题

这些年我个人也在广泛的采用风险代理的方式，基础费用较低，待调解或执行实际到位后按照比例支付风险律师费，很多当事人在合同订立之时都会信誓旦旦承诺支付后续费用，但是，实际情况是，你可能自掏腰包把案件从一审、二审、再审、执行等程序全部走完，最终也确实拿回了款项，但是，当事人告诉你说，经济困难，后续费用不给了或者要少给。在一些情形下，你还不方便通过仲裁或者诉讼的方式去追讨律师费，所以，慢慢地，对风险代理的案件，我都会严格审查客户资信，选择有实力、讲诚信的客户。

放心，真相就是这样

大多数案件的核心争议就是事实认定，相当一部分案件查明的法律事实与客观事实相去甚远，甚至刚好相反。作为特别授权的律师，对事实的陈述就视为是当事人的陈述，所以，律师一定要特别慎重对待事实认定，不清楚的情况一定要直接如实向法庭汇报不知情，所有的事实，都需要经当事人核实后再向法院陈述，而且，陈述时务必要加上，"经向当事人了解核实，事实是这样"的前置语句。我曾办理过一个买卖合同纠纷，当事人跟我说，后来双方又重新签了另外一份买卖合同，对相关内容做了重大调整，这份新的买卖合同复印件是有的，但是原件存放在某地市场监管部门，因为曾因质量问题向该市场监管局举报，原件被收走了。于是，我向法院申请了调查令，不远数百公里去调原件，结果呢，查无此据。后来，我追问是否有接收凭证或者邮寄快递凭证，当事人回复都没有。案件自然败诉了，二审过程中，二审法院也高度重视这个情节，后来经过仔细比对发现，两枚公章存在较大差异，当事人显然说谎了。所以，律师跟法官一样，都要保持相对独立和公正的态度，不能被当事人要得团团转，当事人说的话，要进行甄别，不能无原则地相信。要特别注意的是，如果律师根据当事人的陈述向法庭汇报了相关事实，但是，事后经过调查发现，内容都是虚假的，那么，法院是可以对当事人进行处罚的。

放心，等我出来后我会重谢你

律师会见当事人，经常会听到这类话语，一个人身陷囹圄，会卑微到极致。有一个容留卖淫案件，原本是五年以上的刑罚，因为证据方面的瑕疵等综合因素，后来跟检察官协调，最终走认罪认罚程序，判了 8 个月，当事人在看守所感激涕零，说了一大通感谢的话。几个月后，刑满释放，他出来后第一件事就是找律师退费，理由是他原本不构成犯罪，不认罪的话，检察院、法院原本要对他无罪释放的，是律师忽悠他认罪的，真是啼笑皆非。

律师踩坑，其实就跟小猪佩奇一样，在泥坑里跳来跳去，尽管弄得一身脏，但是，无疑是成长过程的必经环节。

律师从事刑事业务的七大风险

相比较民事而言,律师在办理刑事业务过程中的风险更大,更多,轻则能将办案律师推向违反职业道德或执业纪律的风口浪尖,遭到当事人的投诉,受到律师协会惩戒,遭遇执业过错赔偿等;重则能使一个优秀的刑事律师被吊销执业证,结束律师生涯,甚至能让一个成名的大律师沦为阶下囚,饱受牢狱之灾。总之,刑事律师真是刀尖舞者,一个不慎,万劫不复。

一、咨询过程中风险就悄然已至

律师在正式接受委托之前,会接受犯罪嫌疑人及其家属的法律咨询。在咨询的过程中,犯罪嫌疑人可能最关注的是如何应对侦查机关的调查,如何让自己减少刑期。家属更多关注的是自己亲人能否无罪,能否取保,财产能否减损等。由于律师尚不了解案件的背景,超范围咨询,就会存在扰乱、阻碍正常办案程序的可能。

还会出现一种极端情况，在接待家属时，家属会带其他人到场，这人恰恰是在逃的同案其他嫌疑人，通过律师了解到案情及其他情况，此时，律师有涉嫌窝藏、包庇的风险。所以，在接受这类咨询时，首先要核实在场人员的身份信息。我曾在办理某涉嫌婚恋网站诈骗案，第一次咨询时，委托人一下子带来了七八个人，我立马就警惕了，这个是被羁押了十余人的案件，这些人很有可能是同案犯家属，所以，我先一个一个核对他们的身份，然后，直接要求其他人要么离开，要么聘请本所其他律师提供法律服务。

二、会见时违规传递物品、信件等

我们经常遇到家属要求辩护律师带书信给嫌疑人的情况，甚至家属还会明确要求律师交到嫌疑人手里。有的律师觉得是举手之劳，无足轻重，顺带也就做了。可是，这个与法律规定是冲突的，律师不得秘密夹带家属的信件、物品进入看守所，不得传递犯罪嫌疑人及其家属要带给对方的"暗语"。对信件，律师可以当面读给嫌疑人听，但是千万不要以小纸条的形式交给嫌疑人带进监区。对那些有可能是暗语的内容，一定要仔细甄别，以防被利用，有串供或者毁灭证据等不利后果。还有的律师，经不住诱惑和恳求，带家属一同会见，将手机给嫌疑人使用，给嫌疑人发香烟，带药。这个纯粹属于自我毁灭了，如果我们自己都不珍惜自己，又怎么还会有人在乎你。

三、看守所内签署委托书、股权转让协议等

有的家属会让律师带各种授权委托书，请嫌疑人签字以后，家属就可以去办理各类财产转移手续，或者实现其他的效果。看似这种行为好像是便利了家属，但是，同样很有可能涉嫌转移财产，导致将来的退赔、罚金等无法实际执行。律师不得让犯罪嫌疑人签署与其定罪量刑有关的委托书、授权书等法律文件。

四、违规使用案卷材料

我在办理某副处级干部受贿案的过程中，家属数次提出要查阅卷宗，要看看到底是哪些干部职工去纪委监察委作了证，家属还计划当面去跟这些人一一对质。的确，案件在审查起诉后，律师可以查阅、摘抄、复制全部案卷材料。但是，是否可以把这些案卷材料给家属查看呢？甚至直接复制一套给家属？又或者是否可以上网披露或以其他方式公开？其实，这些问题都有非常明确的法律规定，案卷材料在庭审公开前，不能通过上网等方式公开披露，不能复制给委托人；在庭审公开后，涉及国家秘密、商业秘密、个人隐私的部分，仍需保密，不得给当事人，不能上网披露。在公开审判前，案卷应属国家秘密，复印给委托人，属泄密行为。在庭审公开后，方可公开。如系不公开审理的案件，庭审后仍不允许公开。对涉及国家秘密、商业秘密、个人隐私的内容和情节，在解密前，不得公开。否

则，轻则受到处罚，重则被追究刑事责任。律师将案卷材料泄露给家属，还可能导致激烈的流血冲突事件，家属很可能去找相关人员理论，要求有关机关重新制作笔录，纠正错误。律师在执业过程中，一定要避免不仅不能消化矛盾，反而造成新的矛盾的源头。

五、违规调查取证

刑事案件的举证责任在于公诉机关，被告人及辩护律师并没有证明被告人无罪或罪轻的证明责任。我刚入行时，有一个老律师曾经跟我说，律师办刑事案件，原则上不取证，除非是医院病历、荣誉证书等客观上没有任何争议的客观证据。又或者是委托人给足了律师费，否则绝不能收微薄的费用，冒巨大的风险。法律对律师调查取证规定了严格的程序。向证人或其他单位调查取证，不得通过威胁、恐吓、贿买等手段让证人违背意愿作证；接触被害人或被害人的近亲属、被害人提供的证人，事先要取得检察院、法院的同意。擅自接触被害人的做法是违法的，也是非常危险的。例如，办理强奸案件时，未经检察院批准，擅自接触被害人，后被害人改变报案时的陈述，律师因此被追究刑事责任。如果却有必要收集证据，律师要去找证人调查取证，那必须要做好自我保护。会见嫌疑人时，要认真做好笔录；对证人调查取证时，要征得证人同意，要客观真实地记录证言内容，同时要对整个取证的过程进行录音录像。当然，如果有证据线索或证人，最好是向检察院或法院申请调查取证或申请证人出庭作证。小心驶得万年船，吊儿郎当办案，出事只是一个时间问题。

六、立功线索传递风险

各地司法实践对立功的审查把握是不一样的，有的地方法院、检察院遵循"立功不问出处"的习惯性做法，但是还有的地方法院、检察院则是严格把关，对线索来源审查严格。立功线索传递不当引起的风险确实客观存在，而且极易查找线索突破。有一些涉及重刑的犯罪，被告人求生心切，往往会不择手段，想方设法寻求立功途径。还有的民营企业家和领导干部，为了企业正常生产经营或者保住干部身份，也会穷尽各种途径去争取立功，正常来说，在押人犯可以向管教、司法机关办案人、辩护律师反映立功的意愿和线索，如果是向律师提出，应由辩护律师把线索转交给司法机关。刑辩律师不应当把线索转给犯罪嫌疑人或者被告人家属。因为侦查阶段家属是见不到在押人员的，所以一般只要家属掌握了立功线索并且配合立功，法院、检察院首先就会考虑线索是律师传递的。

七、庭审辩护张弛有度

无论是什么案件，我都喜欢在庭前就跟承办法官充分地沟通，不太喜欢通过激烈的对抗去实现既定目标。当然，按照法律规定，律师在法庭上辩护是受到法律保护的，除发表危害国家安全、恶意诽谤他人、严重扰乱法庭秩序的言论外。但是，律师在为恶性暴力犯罪案件的被告人或群体性案件的被告人辩护时，要注意用词用语，争取被害人家属或被害人的理解，不要将个人感情带入案件当中，让人误会你是在为"坏人"说话，激化矛盾。律师被被害人或被害人家属伤害的情况也屡见不鲜，我曾在衢州办理某非法吸收公众存款案件，因为庭前的沟通十分充分且有效，我又提前准备好了书面辩护词，庭审过程中，我十分低调地说了辩护词提纲，不带有感情色彩，不带有情绪渲染，连声音都不大。

谈判让律师更加值钱

律师开展业务绝不能仅限于诉讼,很多时候一些居间服务,实现资源对接共享互补,给客户带来的价值更大,客户愿意支付的费用反而更高。即便是诉讼业务,也不局限于法庭,谈判也是创造价值的重要方式,律师的谈判能力一定程度上来说是衡量和评价他是否优秀的决定性因素。

一、正确的策略选择是成功的一半

好的开端是成功的一半,没有放之四海而皆准的谈判策略,在不同的场合应当选用不同的谈判策略。

我在民一庭做法官时审理过一起交通事故责任纠纷案件,这是一起对抗十分尖锐的案件,保险公司认为原判决适用法律完全错误,而这个案件一旦生效将会给整个行业带来巨大的影响,所以,无论是代理人还是保险公司负责人,庭审过程表现十分愤慨。经过仔细研究后,我发现原审判决的确存在问题,但是事故受害者一方也确实急需救治。所以,这个案件,我没有采取进攻型的谈判策略，我推测保险公司更大的利益在于不能让这样的判例生效，至于经济上付出一定的成本的和代价，应该可以承受。而受害者这边，我也是循循善诱，没有一句重话，告诉代理人和家属，案件存在法律适用上的重大问题，建议他们在法庭的指挥下与保险公司达成调解协议。最后，经过数轮谈判，案件得到圆满解决。

为什么同样面对进攻型对手，而我们却可能选择不一样的应对策略呢？究竟是什么因素在发挥作用，引导我们作出正确的策略选择？有很多经验丰富的老法官、老律师面对各种复杂的谈判场景总能够应对自如，他们时而会采取进攻型策略，时而采取协作型策略或解决问题型策略。当然，法律职业是一门实践性极强的行业，刚离开法学院的学生不经过一段时间的实践训练，比较难掌握最基本的技巧。

所以说，选择何种谈判策略，不是靠感觉，千万不能想当然，而是要靠对多种因素的精准判断。

二、像做尽调一样去深入了解对手

在参与任何一场商业或者诉讼谈判之前，务必要留出足够的时间去研究对手，尤其是重要的谈判，要像做尽调一样掌握对手全部的相关的或者不相关的信息，进行深入分析。然后，你才能选择正确的谈判策略，因为对对手的信息进行梳理后，你将了解到他的弱点，这样就可以判断出对方的策略，这个将直接影响博弈的结果。如果你打算使用协作型策略，那一定得在对方也愿意使用协作型策略时，你才可能取得成功。

实践中很多律师的风险意识特别强，他们总是害怕被对手利用，便产生出了一个有趣现象，那就是一旦当律师看不清谈判局势时，总会选择采取进攻型策略，而不会采取其他策略。而进攻型策略的副作用之一就是很容易使谈判陷入僵局。当然，在实践中，很多当事人也特别希望自己的律师能够侃侃而谈，能够慷慨激昂，这样才能解气。但实际上，逞一时之嘴快，在很多时候都毫无意义。

我曾代理某故意伤害案的被害人一方，按照其要求，一步一步紧逼，不仅协调公安和检察院批准逮捕了嫌疑人，而且在前几次的谈判过程中故意提了一个十分高的要求，导致几次谈判都没有结果。这个案件各方的核心利益是商业机会，他们之间原本也是因为商业机会的问题发生的肢体冲突。我的当事人认为，只要对方被羁押，整个的资源都会被他独享，但是，没有想到的是，在对方被羁押两个月左右的时间后，对方通过一种十分巧妙的方式，尽管人被羁押在看守所，但是，其仍然能够很好的参与到商业机会中来。所以，一下子我的当事人就很被动了，因为他没有想到原来还有另外的操作模式，于是，只得调整策略，急匆匆地跟对方达成赔偿协议，出具谅解书，当然，这个数字也很理想的。

三、找出隐藏的共赢局势

实践证明，绝大多数谈判都存在潜在的共赢局势，一名优秀的律师一定会想方设法找到连当事人都没有找到的共赢点，甚至要创造出共赢点。这样，解决问题型谈判策略才能成为你考虑的备选策略之一。

要特别提醒大家，一场谈判中有多少个有争议的问题也是选择谈判策略时应考虑的因素，谈判议题越多，采用解决问题型谈判策略的机会也就越多。

在某一个规划行政许可类行政案件中，县规划局以不符合城乡规划为由，撤销了之前的行政许可，这个直接导致相对人每年数百万元的损失，因为整个县城最核心区域的广告位就没有运作了。相对人认为，其全部报批手续都符合法律规定，之前所使用的土地都是荒地，不值钱，现在因为各种原因，广告位很值钱了，政府就要与民争利了，双方之间的对立十分尖锐。后来，经过反复研究案情，又经过与当地县委政法委等单位的几轮会议和谈判后，我们寻找到了一个折中思路，行政许可还是撤销，但是，撤销以后，相对应的广告位的经营权由相对人来承包，这样双方之间就实现了共赢。

解决问题的前提，总是找到问题后面的问题。走到死胡同时，抬起头来，把眼光放远一点，或多或少都会找到共赢机会，为对方考虑，也是在帮助自己。

四、适时调整策略

谈判策略要随着谈判工作的进度需要及时做调整。如果双方在开局使用的是进攻型策略，当谈判进入中场阶段时，进攻的力量开始衰减，相对较为容易达成共识的问题也解决得差不多了，双方都不愿意再向对方的进攻作妥协，这时谈判的僵局就出现了。只要还没有哪一方想离开谈判桌，就说明双方都还没有放弃达成协议的努力，重新考虑谈判策略就成了双方必然的选择，并且策略改变后重新提出的谈判方案一定比之前的方案更现实，更有可能为对方接受。当然，如果一个律师在谈判开局时使用协作型策略，而当他发现自己的协作行为正在被对手利用，自己当事人的利益已经被对方一点点蚕食的时候，他也应该重新考虑是不是谈判的下一个阶段应该转变为进攻型策略了。所以，律师一定要及时跟当事人释明，并且积极建议当事人果断调整，以争取利益的最大化。

当然，实现谈判策略的调整并非很轻松的事，特别是如果在最初使用进攻型策略时根本没有为以后的策略转换留好退路的话，就会很难找到台阶下来。所以，在谈判过程中需要很多的技巧，例如暂时搁置争议较大的问题、更换谈判者、缓解紧张氛围、请第三方协调等。

但是，要提醒大家的是，很多时候，我们并不能确定谈判到底处在一个什么样的阶段，很可能，你认为谈判才刚刚开始，你还在坚持进攻型策略，但对方已经匆匆终止了谈判，你甚至没有机会去转换谈判策略。也有可能你认为谈判已经进入终局阶段，你以为你在做最后的让步，对方却认为谈判才刚刚开始。你刚作为最后的让步，对方却提出了一长串的清单，要求你满足。当然，遇到这类情形，如果是诉讼谈判，一定要请法官出面了，在已经做了大量让步的情况下，对方又咄咄逼人临时提了新的要求，明显就是缺乏基本的诚意，法官居中调停就尤为必要，否则，谈判和调解工作几乎也就失败了。

五、掌握杀手锏

在谈判中，谈判筹码就是帮助你控制谈判对方行为的一种实力，是使你驾驭谈判进展和形势的能力。我们在办案过程中，经常看到一些合同简直是匪夷所思，完全是不平等协议。但是，大家一定要注意，这些内容客户也许比我们更加关注，更加小心翼翼，无非当时是迫不得已才签的，我们并不清楚合同签订时的具体情景，不知道当时是在怎样的一种压力下达成的协议。所以，不要随意去指责他人，在特定的场景下，许多工作都是迫不得已。

但是，有的时候，谈判实力的强弱对比似乎并不那么明显，甚至实际力量对比会和事件的表面现象完全相反。

对于拥有强大实力，也就是拥有更多谈判筹码的谈判者，他可以在进攻型、协作型和解决问题型策略中任意选择，即使策略错误，他也有能力将对他不利的谈判结果扭转过来。而对处于弱势地位的谈判者而言，他可选择的谈判策略无疑受到更多的制约，正常情况下，他是无法选择进攻型策略的。事实上，如果谈判实力较弱的乙方主动采取协作型策略，那么他往往能获得较强谈判实力一方的积极回应，谈判实力较强一方一般不会因为较弱一方采取协作型策略而变得更加强硬，恰恰相反，他会表现出更加公平的姿态。

在一起房屋租赁合同纠纷案中，我代理大型商业综合体的出租方，承租人欠费逃铺，并未归还钥匙办理移送手续。那么，这样的案件，原本我方肯定可以很强势地去处置，但是，考虑当时疫情的因素，以及目前整个板块正在兴起的行情，再加上承租人的经济实力，在他主动很有诚意地来调解的情况下，我方舍弃了部分违约金与其达成了协议，随后收回了铺面，并且立即就重新出租了，案件的效果十分理想，当事人也很满意。

谈判实力并非天然具备，一成不变，完全可能通过谈判者的努力而创造。有时，创造谈判筹码需要一些小技巧。如果你的确无法为改变自己当事人的弱势地位找到筹码，那就千万不要试图扮演一个纸老虎的角色，虚张声势，这样只会让人将你视为跳梁小丑，对手轻松一招，你便毫无招架之力。

总之，没有撒手锏，不要强出头。

六、永恒的只有利益

中国有句俗话，叫作三十年河东，三十年河西。用来比喻世事多变，盛衰无常。具体到我们需要处理的个案中，当事人或者律师会提前思考谈判结束后如何与对方继续打交道，这种对未来的思考会直接对当前选择谈判策略产生重大影响。双方今后的相处、包括律师之间的相处。

首先，我们来看当事人今后如何相处。如果谈判结束后，当事人之间仍需要保持交往，那么当初他的律师为了一点点微利而采用对方恼羞成怒的进攻型策略,就可能会让双方当事人在今后的合作中难以友好面对。这样的谈判结果显然不是当事人所需要的。所以,律师首先要判断这种谈判是不是一次性谈判,双方今后是否可能继续交往。例如在交通事故、人身损害等案件,显然属于一锤子买卖。但是在商务谈判中就完全不是这样了。

商务谈判的双方可能是多年的合作伙伴,这种伙伴关系促使双方在选择策略时会留有余地,讲究分寸,即使双方初次合作,也不排除今后还有继续合作的可能,因而双方需刻意保持一种相互尊重、体谅的交易关系。在一起买卖合同纠纷案中,原本我方可以向对方主张大额违约金,但是,我方的法定代表人却说只要能拿回基本的损失就好,不需要对方额外承担违约金,原因就在于对方在行业内颇具影响力,双方之间今后还会有不少往来。

其次,在当事人今后关系的处理上,我们还需要关注的一点是,即使当事人与对方进行的是一次性交易,但当事人仍然希望与对方保持往来,并不想在一次交易中占尽便宜,特别是对那些企业当事人,他们会从品牌形象、行业信誉等更长期的角度出发,认为应当以诚信合作的方式与对方建立交易关系。

最后,来看看律师之间的相处。需要注意的是,通过引导当事人需求而确定谈判策略,应当始终以确保当事人追求的合理利益作为出发点。律师不能成为当事人之间谈判的阻力,而应是缓冲剂和助力。很多情况下,当事人自己谈不下去了,双方同时请律师介入，反而能取得比较好的结果，因为律师提出的方案通常会考虑对方的合理利益和方案的可操作性。不要总像初入行的新律师那样，要么一声不吭，要么处处表现咄咄逼人的架势。正确判断谈判的是交易性谈判还是争端解决性谈判，如果在一场交易性谈判中被人称赞为一个优秀的诉讼律师，那么你就应该反省自己得到的是不是表扬。

七、当事人说好才是真的好

法律谈判的特性决定了律师始终是为当事人的利益而进行谈判，无论谈判的结果是好是坏，都只能由当事人自己去承受。因此，不论是处分实体权利还是谈判过程中的策略选择，律师都应该充分听取当事人的意见。即便是有着丰富经验的律师，也不能完全以自己的执业经验去替代当事人自己选择谈判策略。因为，在很多情况下，我们永远不知道当事人真正想要什么。但是，请注意，千万不要没有原则地听信当事人的要求，如果我们只扮演一个执行者角色，这可能会出大问题。一个有责任感的律师，面对当事人不顾律师一再强调的风险而作出明显错误的决定时，他甚至应该以终止代理关系的方式来表达自己对当事人所作决定的强烈反对，即使这种方式有点儿过激，但事实上却能将当事人挽救于悬崖边。

听取当事人对谈判策略的意见是律师执业的要求，但这并不意味着当事人的意见就一定是正确的。一个优秀的律师永远要学会如何帮助并引导自己的当事人作出正确的选择。

八、谈不好，得换人

一个人可以尽力去掩饰他的个性，但却很难对个性进行真正的改变，而每一个具体案件需要选择的谈判策略却不一样，一个合格的执业律师应当是不管什么策略都可以熟练运用，而不仅局限于某一种。

但是，个性不同的律师事实上会对他所采取策略的运用效果带来较大的影响。通过系统训练，个性风格是可以在很大程度上被矫正的，即使因为个性风格和策略选择不太相符，使得谈判者在运用某一种策略时会感到心里不适，但如果平时训练扎实，也会帮助他顺利渡过难关。让他选择各种不同的谈判策略基本都能运用自如。

在一起离婚纠纷案中，女方及其母亲参加了第一次调解，两人在调解过程中，几乎就把调解当成吐槽大会，足足花了一个小时历数男方的各种不是，而且母女二人的观点、口吻完全一致。可能男方的代理律师也有同样的经历，竟然与男方"同仇敌忾"，与母女二人争论不休，调解结果可想而知。

即使进行系统专业训练，个性化的东西仍会隐藏在谈判者的心里，有经验的谈判者虽可以适应各种局势下的谈判，但如果选择的谈判策略正好符合他的个性，就会让他发挥得更出色。因此必要的时候，换另外一个律师参与谈判，可能效果会更好。

正因为一个人难免江山易改、本性难移，律师得有好的团队合作模式，那样才能帮当事人更好地解决问题。

第五章

与当事人的有效沟通

PARTIES

JUSTICE

第五章　与当事人的有效沟通

决定律师晋级的大抵有两个因素，创收和品行。所以，央法在创办之初对管理合伙人就是以"创收基本可以，人品百分牢靠"为标准进行选拔，当然，"基本可以"也不是随便都可以，首先还是要符合律所内部关于管理合伙人的基本要求，所以，在法律服务行业会有一些律师创收很高，但是几乎不参与律所管理的现象。创收源自当事人，品行好才能获得当事人的信赖，对律师职业来说，当事人是我们的衣食父母。

搞定当事人并不意味着说服他。心理学上有一个专业名词，叫作"逆火效应"，指的是，当人们遇上与自身信念抵触的观点时，会下意识忽略或反驳它们，并且原来的观念反而会更加强化。简单地讲就是永远不要试图说服一个人。所以，我们在执业过程中，经常会碰到一些当事人或者家属，他们一遍又一遍地纠结同一个问题，你也不厌其烦地重复教导他们，最终还是按照他们之前的认知做事。在案件的办理过程中，当事人及其家属会有很多个信息渠道，会接受各种各样思想的干扰，原本我们律师的意见就仅仅只是其中一个声音，再加上他们自己固有的认知，说服他们何其难也。

搞定当事人最基本的要求是要把当事人合法合理的内心期待转化成具体举措，具体包括以下几个环节：剥离当事人不切实际的诉求；向司法机关固化当事人诉求；制定具体策略，在法律的框架内实现上述诉求。当然，律师代理是过程代理，不保证结果，万一裁判结果出现偏差，应该如何应对，之后还会专题介绍。

搞定当事人还有一个必要要求就是过程展示。无论你打算做什么，已经做了什么，一定要原原本本地告诉自己的当事人，没有一蹴而就的案件，只有精耕细作的律师，这是一个增进理解、消除误会的过程，即便结局不如意，律师没有功劳也有苦劳。

在律师行业，有人认为，当事人只有在案件当时是当事人，事过境迁，另当别论。如果按照这样的认知来执业，是很危险的。一方面，你一直对自己的当事人有非常强烈的戒备心理，你和他们没法真正拧成一股绳，形成合力。很多案件，最终取得理想的结果，都离不开当事人及其家属的鼎力支持。另一方面，如果你全部案件都是一锤子买卖，你的获客成本相对就高，聪明的律师，办一个案件结识一批朋友种下一片善缘。我的一些当事人，案件办结以后，再发生纠纷，他们仍然会找到我，或者他们周遭的朋友出现了问题，也会大力推荐我，这样就可以形成一个科学的生态。

律师有效沟通的艺术

经常有青年律师跟我抱怨，与司法人员的沟通费时费力效果差。也经常有律师跟我诉苦，有的当事人不分场合、不论时间、不讲方式的咨询，感觉心力交瘁。

归根到底，这是一个律师如何提高沟通效率与质量的问题，我把整个问题分成与司法人员和与客户两大块来讨论。

与司法人员：学庖丁解牛

我曾代理过一件买卖国家机关证件案，这个案件中，几位被告人销售假冒特种作业操作证到全国二十余省市，共出售假证 2 万余本，非法获利 1700 余万元，该案也是当地有史以来破获的最大的一起买卖国家机关证件案。我代理的是主犯之一，排第二，判决情况是三年十个月，当事人本人对这个结果很满意。这个案件我把握了两个沟通要点，一是紧紧抓住伪造国家机关证件罪情节严重的立法空白，做足文章；二是重罪轻判的司法量刑判例。主审法官经验也相当丰富，几番沟通下来，几乎我的每一个观点，主审法官都表示赞同。庭审结束后，我立马提交了一份翔实的书面辩护意见，同时将检索到的同类案件在三年以下量刑的判例以及理论研究文献全部打印装订一并递交。这个案件的辩护中，我们可以得到三点启发：

1. 钻透案情，用活法律。无论办理何种类型案件，律师都要尽职尽责，都要在全面掌握客观事实的基础上对法律事实做梳理，继而准确厘定罪与非罪、罪轻罪重，切忌不懂装懂、囫囵吞枣。接受委托以后，尤其是重大复杂疑难案件，律师要学会做综述，把这个罪名相关的学术研究成果，典型判例做一个系统的研判，这样才能迅速而准确地抓住案件的争议焦点，辩护的重点难点。在该案的代理过程中，我就对法学理论界和实务界对情节严重的适用标准问题进行了系统归纳，我发现，即便是检察院和法院内部也担忧不已，一些检察官还在《检察日报》上发文呼吁立法对此予以明确。全国各地法院更是作出了各种不同的判决。所以，在与法官沟通的过程中，我也就目标明确，底气十足了。

2. 发现问题，规避风险。法官职业同样极具风险，尤其是年轻的法官，办案经验不足、理论研究不深。这个时候，如果律师能够特别精准狠地发现和指出问题，尤其是起诉书上存在的硬伤，法官一定会对律师"感激涕零"，对承办人来说，法官仅仅就是一份养家糊口的工作而已，谁都不想出现冤假错案。所以，律师不要畏惧与法官的沟通，聪明的法官一定是愿意倾听，且善于与律师沟通的，绝大多数法官也把律师当作与当事人、家属矛盾的隔离墙、缓冲带。

3. 注重形式，追求完美。一些年轻律师对法官裁判的方法不熟悉，觉得司法判决太片面，律师的意见根本得不到应有的重视，甚至认为法官根本不看律师的辩护词。这样的印象和想法其实都是错误的，尤其在一些重大疑难复杂案件中，法官会极力要求律师提供书面意见。所以，就实质而言，一份高质量的书面文稿要胜于看似酣畅淋漓的庭审表演。但是，文稿一定得重点突出、言简意赅、有理有据、文采飞扬。此外，由于法官都很忙，所以，如果能把相关的司法判例、理论文章等一并打印装订，编好目录页码，我相信，法官会很重视的。因为，你的扎实工作不仅是帮助法官做了一份更正确判决，而且也有利于他们夯实这个领域的知识储备。

与客户：不厌其详

我们的客户，有的学识渊博而从谏如流，有的孤陋寡闻且固执己见；有的家境富足而彬彬有礼，有的经济拮据且吹毛求疵。无论如何，大部分客户对法律知之甚少，或者似懂非懂。所以，一个最基本的执业态度是，我们得竭尽全力帮助其解释与案件有关的法律问题，这极为考验律师的耐心和智慧，因为大多数当事人思维固化，有明显的甚至是极端的趋利性，较难接受新的认知，尤其是对己不利的内容。所以，如果能做好与客户的沟通，再去跟司法人员沟通，就会觉得再容易不过了。

1. 耐心细致，客观分析。无论是在正式接受委托以前还是之后，全面深入客观分析案情是优秀律师的必备素质，而且前期工作扎实，后期就可以免受接二连三、连绵不绝的咨询。但是，一定要提醒当事人，原则上所有的问题都不重复解答，条件允许的话，要求其做笔记。特别需要注意的是，一定要避免作出错误的分析，更加不能作出虚假的承诺，对案件的分析要实事求是，详细告知其争议焦点、难点，以及可能的败诉风险。大多数当事人，觉得自己是原告，有一箩筐的理由，案件就一定会胜诉，事实上，如果这个逻辑成立的话，那么，律师的工作就没有质的区分，甚至律师存在的合理性都成问题了。

2. 学会拒绝，依法执业。有的当事人认为，他请了律师，花了钱，那么，律师就得言听计从，有的律师还真愿意这样，反正最后结果的好坏都有当事人自己负责。其实这样是不对的，严重背离职业操守，也是对当事人利益的不负责任。对当事人的一些错误要求要理直气壮说不，通过剖析事实法律，说服其改变观点和做法。对当事人要求的严重违法违纪的要求，直截了当拒绝。我在代理一个刑事案件的过程中，当事人的妻子一再要求把她带到看守所混进去偷偷见面，我态度鲜明，且措辞严厉地回绝，并且明确告诉对方，如果再提这个要求，那我可以解除合同。另外，还有的当事人深更半夜打电话发信息咨询，如果确实是紧急事务，我就会协助处置，如果是无关痛痒，甚至是已经解答过多次的问题，那必须明确告诉他，问题已经解答多次，不重复回答，建议其在工作时间联系。不学会尊重他人，又怎能一帆风顺。

3. 引导消费，建立交情。我无意给客户贴标签、分等级，但是对律师而言，确实有高端客户和长期客户的区分。越是高净值客户，对法律服务的需求越精细且急切，但是，他们自己可能一时间意识不到，等到出了问题追悔莫及。所以，律师要通过个案引导客户消费更多、更好的法律服务，帮助客户避免和挽回损失。一般情况下，经过三五个事项的合作，当事人对律师就会变得信任且依赖。对这种类型的客户，沟通要更加坦诚、更加纯粹。

有效沟通对律师执业极为重要，有的律师每年创收数千万元，但仍然能骑马钓鱼，旅游健身，有的律师一年创收几十万元就已经不堪重负，被压得喘不过气。遗憾的是，无论多么专业、敬业的律师，相当一部分时间和精力都用在重复且无效的沟通上，在这个问题上，我们大抵只能负重前行。

败诉后，如何面对当事人

我刚到业务庭室那会儿，一个老法官跟我说，案件改判不要大惊小怪，哪一个法官能做到零发改。

同样，律师也无法保证其执业生涯代理的案件从不败诉，再优秀的律师，也会遇到滑铁卢。但是，优秀的律师即便是在败诉的情况下，仍能游刃有余处理好跟当事人的关系。那么，到底有哪些诀窍呢？

事前提示

我们在跟客户签订委托合同时，都会一并让客户签收风险提示。如果你认为这样就已经完成了全部的释明提醒义务，那你就大错特错了。一些当事人原本文化程度就不高，对包括委托合同在内的全部材料都没有仔细阅读，换句话说，他们认为请了律师，花了律师费，案件就不可能输。所以，在委托合同签订过程中，针对当事人案件能赢吗、这个案件的判决结果会是怎样之类的问题，切忌拍胸脯打包票，哪怕是你认为事实很清楚，法律关系极简单的案件，你信誓旦旦承诺的后果很可能超出你的承受能力。每一个人的知识结构都是不同的，你认为铁板钉钉的事，法官很可能刚好跟你持相反的意见。所以，任何一个案件，事前充分及时准确的风险提示必不可少。甚至，对明显要败诉，但是当事人执意要委托的案件，你很有必要做一份专门的询问笔录，在询问笔录中明确告知败诉风险，并征求其案件是否要继续代理的意见。

事中留痕

一些律师不习惯工作留痕，一不留神，可能就会付出惨痛的代价，你很有可能兢兢业业，任劳任怨为案件代理做了大量的工作，但是，当事人完全不理解，你也拿不出任何证据，导致双方矛盾一路升级，到头来你还得耗费巨量的时间和精力去处理跟他们的矛盾。在代理过程中的全部工作，一是要第一时间告知当事人，并且征询他们的意见，这个事有没有必要干，能不能这么干，当事人才是法律后果的直接承受者，作为律师，任何一项工作都要取得他们的许可和支持。二是所有的工作都要保存好文稿等资料，甚至要把与司法人员电话记录、移动微法院沟通的截屏等全部打印装卷，及时归档。一些人当时可能没有表露意见和情绪，但是，搞秋后算账，你一定要未雨绸缪，随时可以拿出证据证明自己恪尽职守，不存在代理失误、失职的情形。

事后辅导

收到裁判文书后,并不意味着律师的代理工作就结束了。最少有以下工作需要完成:(1)要详细跟当事人解读裁判文书,剖析法院的判决是否存在错误,是否有上诉或者再审的必要。(2)各地法院都有判后答疑的程序选择,在当事人实在无法理解判决逻辑,你又没有能力说服他们的情况下,帮当事人约法官做判后答疑,是一个十分理想的消除误解的渠道。(3)如果判决结果在本案中确实已经无法挽回,那么,在系统分析的基础上,能否从其他请求权的角度切入,另行提起诉讼,这一步也十分关键。

总之,在大多数情况下,律师抱着勤勉敬业的态度去开展工作,增强当事人的体验感,让当事人知道在代理过程中你是怎么工作的,你都做了哪些工作,败诉以后,也不是随意踢皮球,当甩手掌柜,仍然想方设法帮当事人止损,一般的当事人都能理解。

律师是化解矛盾的,不是激化矛盾的,更不是制造矛盾的。

当事人给你的压力才是最大的压力

每一个职业都有来自各方面的压力，律师职业也不例外，而且的确焦虑和惶恐贯穿整个职业过程中。

概括地说，律师职业的压力主要是业务开拓和案件消化，尽管律师代理是过程代理，不承诺输赢，但是，案件败诉，虽然早就有预判和告知，但面对当事人仍不免尴尬。

不要让当事人牵着你的鼻子走

有的当事人完全不懂法律，不懂司法权运行模式，但是，病急乱投医，到处咨询，然后根据其臆想的东西来胡乱指挥律师做这做那，不仅对案件办理没有任何效果，而且还浪费律师大量的时间和精力；有的当事人为了个人目的不择手段，要求律师帮忙联系司法人员，请客、送礼、行贿；有的当事人委托了一个案件后，把律师当作万能钥匙，不仅其他与委托事项无关的法律问题都来蹭咨询，甚至连其他非法律事务也要求律师帮忙办理；还有的当事人不分白天黑夜，不分场合，一天几十上百次给律师打电话、发微信。对这些类型的当事人，一定要旗帜鲜明，坚决果断的解释、拒绝、批评。律师收费数额的确定，都是基于现有案情的判断，委托合同中对委托范围和工作内容都有明确的约定，如果当事人提额外的要求，一定会占用律师额外的时间，这个机会成本的损失，是任何一个律师都承受不起的。而要求律师违背执业纪律和道德执业，更是要直接拒绝，如果其一再胡搅蛮缠，则保留证据，直接解除合同，没有商量的余地。

我曾经碰到一个客户，律师费压得特别低，工作要求却比上市公司要求还要高，而且还有各种其他事务也一并要求处理。等到他要求我代理第三个案件时，我直接一口拒绝，理由是排不出档期，甚至都没有谈价格。合伙人不仅只是一个律师，他还是律所的合伙人，如果他不能投入更多的时间精力在律所公共事务上，不能为律所创造更多的财富，律所也就无法继续维系。所以，对合伙人而言，于公于私都一定要学会淘汰和筛选客户。如果合伙人把主要的精力用于办理这样性价比极低的案件，律所还能不能营业都是个问题。

警惕执业过程中的退费风险

如果条件许可，一定要花点时间和精力对自己的客户做背景调查，最起码了解其历史上的诉讼情况。我们在长期执业生涯中，还会遇到这样的当事人，在案件办理过程中装可怜、装无辜，请求律师各种额外的工作，而一旦案件办结，哪怕是案件办理结果远远好于他们的预期,他们在收到文书的那一刻起,就开始策划怎么样要求你退律师费。我曾经还遇到过这样一位当事人,与各种主体有不同的各种类型的诉讼,找了不同的律师代理。在和他办理委托手续的过程中,他坚持要将律师费打入我个人账户,我说不行,我个人不收钱,跟你建立直接合同关系的是律所,不是我个人。最后在我的强硬坚持下费用打入了律所,我当即就给他申请了发票,这个是我的工作原则,到账即开票。最后案件办结后,他跑过来说要退费,理由是不请律师也有这个结果,而且他还理直气壮地告诉我之前他请了七八个律师打官司,最后全部都给他退了费。原本我不想跟他纠缠,钱也不多,退了也无所谓,听到他后面这句话,我坚决没有妥协,对这样没有道德底线的人不能无原则地退让,因为我知道,这一次再迁就他,他还会有下一次去坑害其他律师。所以,大家一定要时刻牢记,规范执业,绝不私下收费。

但更多的,我们遇到的都是可爱的当事人。也正是他们在整个代理过程中展现的和气、友善、谦逊的态度,在案件办理过程中积极配合,甚至不断地给律师鼓励、宽慰,让律师投入更多的精力,穷尽全部方法完成受托事务。这样的当事人也会给我们压力,但是,从另一个角度来说,也是动力。

律师代表当事人还是代表正义

律师不代表正义，法官也一样，但我们都有共同的价值追求，那就是维护公平和正义。

然而不同的是，法官的角色天然要求不偏不倚中立的处理纷争，而律师的职责是最大化保护当事人的合法权益。这是两者之间非常大的区别，我刚辞职那会儿，在接待客户、分析案情时，明显感到很不适应，因为之前的法官思维严重影响了我的成案率，后来，我意识到这个问题很可能会对我执业产生巨大的消极影响，于是，转变思维，更新理念，明显感觉到客户的认可度大幅提升，成案率更是直线上升。所以，律师自然是代表当事人的，也只有真正能够急当事人之所急的律师，才能获得认可。

律师经常会面临为当事人代理和内心的正义之间的纠结。在一个撤销权纠纷案件中，我代理被告方，原告方主张被告方以不合理低价将自己的住房转让给了利害关系人，要求行使撤销权。被告方找到我，连连诉冤，拿出了一大堆的转款凭证、

第五章　与当事人的有效沟通

合同等证据，证明利害关系人以相对合理的价格支付了全部的房款。庭审很顺利，我方的证据形成了完整的证据链，合议庭形成了基本判断，对方当事人哑口无言。但是由于标的巨大，加上各方主体身份关系微妙，承办法官为了稳妥起见，依职权花了整整一天时间到关联的数家银行调取了相关交易主体的流水，这一查不得了，我方当事人提供的所谓的转账记录几乎全部都是提前规划、刻意而为，似乎就是为了等待这场诉讼的到来。在这种情况下，律师除了向法院澄清自己事先对此完全不知情，且根本未参与之外，是不是就听任法院作出判决呢？当事人欺骗了法庭，也欺骗了律师，心里五味杂陈，对这样的当事人还要不要不遗余力地付出。在激烈的情绪波动下，我还是请求法院暂时不向任何一方出示该组证据，最后经过两个月数十次调停，最后各方达成了调解协议。

律师代表当事人，绝不能让当事人陷入无法承受之重的绝境。律师的每一个建议，都要考虑当事人能否承受这个建议可能导致的后果，甚至要把可能的后果详细说明。

对律师而言，当事人即正义，但并不意味着毫无底线地一味迁就当事人。在一宗走私普通货物物品罪案件中，当事人最开始拍胸脯承诺，偷逃税款只有不到 20 万元，且在整个共同犯罪中只起到很小的作用，按照当事人的陈述，我向缉私局提交了书面法律意见，但是，出乎意料的是，缉私局初步掌握的证据是，这位当事人不仅算是直接的策划者、组织者，而且偷逃税款数额高达数千万元。当我将相关案件事实向其反馈时，他立马如热锅上的蚂蚁，又一个劲地催促我向司法人员行贿以期获得从轻处理，甚至直接抹掉案件。在这样的情况下，我义正词严拒绝，而且详细释明如果试图通过行贿手段干扰办案可能的后果。律师代表当事人，并不是为了当事人利益最大化就可以不择手段，直至律师自己都无视法律的底线。无论再大的案件，对律师而言都只是一个案件，只是其漫长执业过程中的插曲，如果因为这一个案件而葬送整个职业生涯，这样的代价显然是律师不可承受之重。

后记

说实在的,我从来没有想过要成为一名律师,我父母亲都是高中毕业,在那个年代也算得上是知识分子了,他们从小给我的教育是学而优则仕,读书的目的是要成为一名人民公仆,在更大的舞台上做更多有意义的事。我 2002 年考入中南政法,随后继续在该校读研,我的本科和硕士同学初次就业选择律所的是极少数,基本都在体制内。2008 年毕业以后,我在省市县三级法院工作了五年,后来又调入纪委从事案件审理工作三年,我其实一直都享受工作的乐趣,也很满足工作的待遇和环境,审判工作相对而言更加务实,纪检监察则更加看重创新与亮点工作。我一度以为,我这辈子的生活就这样了,在一个平凡的岗位上做一些再平凡不过的事,直至退休。

机缘巧合下,我加入了律师行业。现在想想,人生道路无论何时何地都在选择,只有不同,没有高下,选择了,往前冲便是,有时候选择就是一个念头。

没有人可以随随便便就成功,不得不承认,刚开始执业的时候，我也很恐慌，甚至对社交恐惧，因为之前一直在机关，都是别人来找你办事，你也不用去求人，可是做了律师，那首先要做的就是交际。

交际主要包括两个大的方面，一个是和司法人员的交流，这个我还具有一定的优势，因为对司法权力运行模式十分熟悉。另一个是和当事人以及目标客户的交流，这个我就明显感觉很吃力，一则不懂得察言观色，临场应变能力不够，不知道当事人每一句话其实都是有目的的；二则不懂得拒绝，很多人会提超出法律规定和律师能力的要求，现在我一般都会耐心解释，委婉拒绝，可是那会儿没有明确的态度，给当事人留下了幻想；三则不懂得变通，固守法官思维其实在某种程度上来说，不利于开拓业务，当事人更期待自己的律师能够解决问题，而不是单纯的，甚至机械的释案说法。为尽快克服自己的弱点，我强迫自己去多做社交，即便是无用的社交，做走访计划，每周走访不少于一家企业，同时，多参加企业家之间的酒局饭局。这里我也特别感谢前期给我巨大支持的一位企业家，他在当地经营了最大的一家纺织企业，几乎把他自己的企业家圈子全部给了我。所以，时至今日，无论他有什么事情，一个电话，我必立马到场，人一定得感恩。

技术层面的成熟可以靠自律，靠自身努力去实现，九年时间的体制内生涯，让我对司法权运行模式、规律了然于胸，在许多案件的办理过程中，我都可以精准预测法官会问什么问题、提什么方案，他们最关注什么、最担心什么。个案犯罪构

后　记

成和辩护技巧，那就得多看书、多听课、多参加各种行业内部交流活动。后来，我给所内年轻律师培训，经常会说有案件办案件，精益求精，没案件就读书走访，厚积薄发。

从开始的彷徨不知所措，到慢慢地找到感觉，再到后来忙得不可开交，我也一直在反思，这个究竟是不是自己想要的生活，这个跟我辞职初期的预想是否一致，我究竟要做什么类型的律师，我又能否给行业带来什么样的革新和变化？

2017年我从纪委监察委辞职，真正执业的时间只有5年，但是这5年内律师行业发生了很多的变化，首先是律师人数，几乎可以用爆发式增长来形容，大量的年轻法科生涌进行业，大量的其他行业从业人员进军法律服务市场，原本就良莠不齐的律师行业，更加鱼龙混杂，律师和律师之间的差距越来越大，大量的新入行律师无经验、缺技能、少案源。与此同时，尽管律师人数激增，但是律所普遍日子都不好过，丛林法则下，律所不得不一而再再而三地降低律所提留，试图吸引和留住更多的优秀律师。其次是行业监管，日趋严格的行政和行业监管倒逼律所加强风险管理，加快提升律师个人综合素养。最后则是整个执业环境和司法政策，事实上压缩了律师的执业范围，客观上限制了律师行业的发展空间。

毫无疑问，这些年不是律师执业环境最好的时光，当然也并非完全没有机会，相反机遇也是前所未有。从事律所管理以后，更多的难题接踵而至，尤其是管理模式选择问题一直深深地困扰着我，究竟什么样的模式才更具有生命力，才能吸引更多优秀的同行一起干事业，我一直都很困惑，也进行过很多尝试。我们曾把合伙人全部打通，做大团队模式，根据各自的贡献来评定绩效，分配利益；我们也曾下大力气做客户中心，以律所的名义进行线上线下的案源拓展；我们还尝试过许多成本分摊的办法。这其中有不少失败的教训，也有一些还算比较成功。总体来说，律所管理和机关管理、企业管理真是完全两码事，我还有一个不成熟的认知，我认为当前中国的大所主任，可以轻松胜任大公司、大机关的管理，运营好一个综合大所的难度是远超过普通机关和企业的。

于是，这些年无论业务工作有多忙，我都不遗余力地把律所内训作为重中之重来抓，律所合伙人带头讲，邀请知名律师进所讲，疫情期间线上讲，有计划、有重点地扎实推进培训工作。同时，自己带头撰写专业文章和律所管理方面的文章，尤其注重将法官思维、办案经验、办案技巧等介绍给律师同行。随着个人对律师行业发展思考的越多，撰写文章数量的增加，我就想着为何不进行系统梳理后，以图书形式发表，把自己的经验、心得跟大家分享，让更多的人从中受益，少走弯路。

当然，任何一个人的经验都是有限的，认知更是如此，实际上，我执业初期很多想法、做法，事实证明存在重大缺陷，后来也被我摒弃了，很多观点和做法也需要与时俱进的调整和改变，所以，书中的观点和我之前的尝试权当一种思路、一个做法，仅供参考，肯定不是放之四海而皆准。

律师职业，工作和生活很难完全隔离，很可能合作的火花

后　记

就在觥筹交错中，在散步漫谈中，在挥汗运动中，在各个不经意的瞬间产生了。实事求是地说，目前我的工作强度偏大，所以，我经常跟大家半开玩笑说，按照这个工作强度，没几年即便我不退休，身体也要强制退休了。特别是过了不惑之年以后，最向往的职业就是大学老师，最后悔当年没有继续读博，导致现在连进高校做专职教师的资格都没有，最羡慕上教室、吃食堂、泡图书馆、混篮球场的悠闲日子。我也十分清楚当前法学院在校学生最缺乏什么样的能力，或者是说法学院离法院等司法机关和律所究竟有多远，接下来也会与更多的高校建立合作关系，包括我的母校，为法学院同学们实务技能的提高作一些贡献，我甚至很想申请到法学院去开设一门实务课程，把我自己的办案心得、经验分享给年轻的法科生。

实践出真知，实践也检验真知。律师行业与公安、检察、审判、监察来说，看起来充其量只是法治的一个小角落，这个小角落还不一定就是生机勃勃，充满阳光，有可能就是乌云密布，就是布满荆棘。但是，一定不能忽视这个角落，这个角落与其他角落共同组成法治全局，这个角落是不可或缺的，从这里可以窥视法治的细节、法治的侧面、法治的真相。这个角落被遗忘、轻视，给法治带来的伤害是根本性的，难以挽回的。希望更多优秀的人能加入法治的这个角落，尤其希望能更多地从中选拔法官、检察官，更多的法官、检察官也能够加入律师行业，实现人才的良性互动，为加快建设现代化法律服务体系注入更多的动力。